커피헌터와 함께하는 세계 커피산지 여행

SEKAI O TABISURU COFFEE JITEN by Kawashima José Yoshiaki
Copyright © 2023 Kawashima José Yoshiaki
All rights reserved.
Original Japanese edition published by Mynavi Publishing Corporation.
This Korean edition is published by arrangement with Mynavi Publishing Corporation,
Tokyo in care of Tuttle-Mori Agency, Inc., Tokyo, through Imprima Korea Agency,
Seoul.

이 책의 한국어판 출판권은 Tuttle-Mori Agency, Inc., Tokyo와 Imprima Korea Agency를 통해 Mynavi Publishing Corporation, Tokyo와 독점 계약한 황소자리 출판사에 있습니다. 저작권법에 의해 한국 내에서 보호를 받는 저작물이므로 무단전재와 무단복제를 금합니다.

커피를 찾아 지구 82바퀴

커피헌터와 함께하는
세계 커피산지 여행

José 가와시마 요시아키 | 윤선해 옮김

황소자리

| 한국어판 서문 |

커피 공부를 위해 엘살바도르로 유학을 떠난 때가 1975년 1월이었으니, 이제 곧 50년이 되어 갑니다. 딱 그 반세기를 기점으로, 저의 책이 한국에서 출판될 수 있게 되어 너무나 영광스럽게 생각합니다.

이 책은 여러분이 마시는 커피가 어떤 곳에서 어떤 사람들의 손을 거쳐 만들어지는지를 들려주는 이야기입니다. 나아가 그 나라의 커피 역사와 문화, 생산자들의 생활과 식생활을 모두에게 알리고 싶어서, 지금까지 제가 다녀온 커피산지 모습을 사진과 함께 기록했습니다. 여건이 허락하지 않아 끝내 방문하지는 못했지만, 당시 커피 업계에 큰 영향을 미친 생산국이거나 개인적으로 생산자와 인연이 깊은 몇몇 생산국도 소개했습니다.

지난 50년간 커피 생산국도, 소비국도 크게 변모했습니다. 앙골라와 엘살바도르는 세계 최고 생산량을 자랑하던 곳이었지만, 전쟁과 내전을 거치면서 생산량이 격감해 버렸습니다. 이와 반대로 오랜 전쟁이 끝난 후 세계 2위 생산량을 기록하고 있는 베트남 같은 산지도 있습니다.

소비국가에서는 가정에서 마시는 커피가 인스턴트에서 레귤러커피로 바뀌고, 거리에는 스페셜티 커피를 취급하는 로스터리 카페가 넘쳐나게 되었습니다. 그리고 추출 방법도 한없이 다양해지고 있습니다. 특히 한국 커피시장은 눈부신 발전을 거듭하고 있습니다. 한국을 방문할 때마다 카페 수는 더욱 증가하고 퀄리티도 높아지고 있다는 것을 실감합니다.

커피는 앞으로도 전 세계에서 사랑받는 음료로서 더욱 발전해 나갈 것입니다. 재배종도 늘어나고, 재배 및 정제방법도 지금보다 더 친환경적이고 친인권적인 길이 열리리라 믿습니다. 향후 어떻게 발전해 나가게 될지, 그걸 지켜보는 즐거움도 적지 않을 것 같습니다.

이 책이 커피를 몹시 사랑하는 한국 독자들에게 어떻게 읽힐지 무척 궁금하고 설렙니다. 머지않은 날에 향기로운 커피잔을 앞에 두고 한국의 독자들과 이야기하는 시간을 가질 수 있기를 기대하며…,

2024년 9월,
José 가와시마 요시아키

| 시작하며 |

 이 책은 단순히 세계의 커피 생산국 정보를 모아두기만 한 가이드북이 아니다. 내가 지금까지 방문해 온 커피 생산국 중에서도 특별히 기억에 남는 산지, 인상적인 생산자 그리고 커피연구소 등을 소개하고 세계의 커피 역사와 문화를 느끼면서 독자 여러분과 함께 여행하기 위한 산지 이야기이다.

 각국의 정보를 어디까지 소개할 것인지를 두고 깊이 고민했다. 재배하는 품종 정보를 넣을까도 생각했지만, 이것은 제외하기로 했다. 최근 스페셜티 커피 붐이 일면서 많은 생산국에서 재래종 이외 게이샤 등 '그 토지에 자라지 않았던 새로운 품종'을 심는 경향이 높아지고, 때로 인공교배까지 한 후 자신의 이름을 붙여 모종을 판매하는 생산자도 나타나기 시작했다. 또 녹병 내성 품종 개발이 진행되고 있는 생산국에서는 주요 재배종이 계속해서 변화하는 추세다. 한 브라질 연구자는 재배종이 10년 간격으로 변화할 것이라고 말했다. 그러다 보면 앞으로는 '이 생산국 재배종은 이것이다'라고 말할 수 없는 시대가 올지도 모른다. 이 같은 상황을 고려해서 고민 끝에 품종 정보를 넣지 않기로 했다.

 이 책 기획을 제안받은 후 과거의 여행자료와 출장보고서, 메모, 사진을 여러 차례 훑어보았다. 옛 생각이 나며 그립기도 하고, '이렇게 많은 산지에 다녔구나' 스스로가 새삼 대견하게 여겨질 정도였다.
 더불어 내가 가장 많이 이용하는 JAL 사이트에서 '생애 항공기록'을 확인해 보니 204만 마일, 탑승횟수 657회, 지구 82바퀴, 탑승시간 5,443시간이었다. 실제로 내

인생의 226일은 JAL 기내에서 머문 셈이다. 커피 산지는 비행기를 경유해 가는 경우가 대부분이므로 그 외 항공사도 다수 이용할 수밖에 없으니, 보수적으로 계산해봐도 일년 이상은 기내에서 보냈다는 계산이 나온다.

가는 곳마다 많은 생산자와 만났고, 그 산지만의 독특한 농법과 커피 역사·문화를 배웠다. 또 절멸된 품종을 찾아 나서거나 우연히 희귀품종과 만나기도 하면서, 커피의 깊이를 새삼 느꼈다. 앞으로도 커피 여행은 계속될 것이다. 세상 어딘가에서 나와 만나기를 기다려주는 생산자와 내가 찾아내 주기를 기다리는 커피나무가 있다고 믿으며, 나는 항상 꿈을 꾼다.
자! 그럼, 저와 함께 세계 커피 여행을 떠나 보실까요.

2023년 8월,
José 가와시마 요시아키

Introduction

커피는 어떻게 만들어지는가?

맛있음의 비결은 완숙 체리만 사용하는 것

이 페이지에서는 커피가 애초 어떻게 만들어지는지에 대해 아라비카종을 사례로 설명한다. 커피는 씨앗을 심은 후 40~45일 만에 발아하고, 떡잎이 자란 후 본잎이 나와 9개월~1년이 지나면 묘목으로서 밭으로 옮겨 심긴다. 그 후 2년 만에 개화하는 나무도 더러 있지만, 평균적으로 3년이 지나야 꽃이 피기 시작한다. 5년이 지나면 성목이 되어 가지에 주렁주렁 커피체리가 달린다.

커피는 한번 개화해 열매가 맺힌 곳에서는 다시 꽃이 피지 않는다. 즉 그해에 자란 가지 부분이 이듬해의 개화와 수확을 담당하는 셈이다. 이를 반복해서 이어가다 보면 매해 자라는 가지의 길이도 한계에 도달한다. 가지 끝부분에만 체리가 약간 달리는, 생산성이 나쁜 나무가 되는 것이다.

그래서 가지치기(전정)를 하여 새로운 줄기를 만들어줌으로써 나무를 젊어지게 하고 생산성을 높인다. 전정 빈도나 방법은 기후와 품종에 따라 달라진다. 한난 차가 적고 기온이 높은 지역에서는 5~7년 간격으로 실시하고, 반대일 경우 성장이 더디므로 7~9년 간격으로 전정 작업을 한다.

이는 품종에 따라서 또는 지형과 농법에 따라서도 달라진다. 티피카와 부르봉처럼 크게 성장하는 품종은 1ha(헥타아르)당 2,200~3,500그루, 카투라나 카티모르처럼 왜소한 품종은 4,000~7,000그루가 심긴다. 생산하는 측에서는 적어도 한 그루 나무에서 1파운드(453g), 1ha에서 1t(톤)의 생두를 수확하고자 한다. 최소 그 정도를 수확하지 않으면 농원을 지속할 수가 없다.

그렇다면, 한 그루의 커피나무에서 몇 잔 분량의 커피를 수확할 수 있을 거라

땅속 선충에 강한 로부스타종을 뿌리목으로 하여 접목한 부르봉종의 모종(좌, 상). 모종을 포트에 옮기는 작업(좌, 하). 질서정연하게 모종이 줄지어 있는 부르봉종의 묘판(우).

고 예상하는가?

가령 1파운드(453g) 생두를 로스팅하면 20% 정도 중량이 줄어들기 때문에 360g이 된다. 한 잔에 10g을 사용해서 추출했다고 가정하면, '한 그루 나무에서 36잔 분량이 생산'되는 셈이다.

수확과 관련해서도 커피만의 특징이 있다. 가령 바나나라면 단단한 녹색 상태에서 수확해 해외로 수출된 후 마트에 진열될 때까지 천천히 노란색이 되어간다. 반면 커피의 경우 가지에서 수확하는 시점에 숙성을 멈춘다. 추가 숙성이 없는 것이다.

따라서 나무에 붙어있을 때 완숙할 필요가 있다. 완숙한 커피체리는 손으로 꼭 쥐면 주르륵, 하고 달달한 점액질(뮤실리지) 액이 떨어진다. 커피가 과일임을 실감하는 순간이다.

재배환경에 따라 달라지겠지만 나무에서 완숙한 커피체리의 당도는 20브릭스 이상이다. 전에 과테말라의 고도 2,000미터 밭에서 측정한 완숙두는 당도 30브릭스를 기록한 적도 있다.

완숙두만 사용한 커피는 목 넘김이 매끄럽고 잡미와 텁텁한 맛이 느껴지지 않으며, 식어도 맛있는 액체 상태를 유지한다. 즉 커피의 잡미와 아린 맛은 미숙두에 기인한다고 말할 수 있다.

완숙두를 짜면 나오는 뮤실리지(점액질). 달콤하고 맛있는 점액질에는 폴리페놀이 다량 함유되어 있다.

Introduction

기억해 두면
좋은 품종 지식

희귀성보다도 기후 · 풍토에 맞는 품종이 중요

스페셜티커피 붐이 일면서 커피콩 품질에 대한 관심이 높아지고, 농원 정보를 중시하는 흐름이 일어났다. 그 연장선에서 품종에 대한 개념도 바뀌기 시작했다.

여전히 품종별로 밭을 만드는 의식이 강하지 않고 몇 종류 품종을 같은 밭에 심는 농가가 많은 게 현실이지만, 고품질 콩을 만들고자 하는 생산자는 단일품종 재배로 돌아서고 있다.

또 2000년대에 들어서 파나마의 게이샤가 갑자기 유명해지고 고가에 팔리기 시작한 후 많은 생산자가 게이샤 품종을 심기 시작했다. 그 결과 어느 산지에 가도 '우리 게이샤를 구매해 달라'는 의뢰를 받는 일이 많아졌다.

게다가 어딜 봐도 게이샤와 닮지도 않은 커피나무를 게이샤라 믿고 재배하는 생산자를 여럿 만나기도 했다. '20종류 이상의 아라비카를 심고 판매하는 것'

을 자랑하는 농가를 만난 적도 여러 번이다. 어디에서 종자를 입수했는지조차 알지 못하고, 과연 그것이 순정품종인지 아닌지 보증도 없었다.

그 불확실한 품종끼리 섞여서 교배종 F1을 만든 후 거기에 자신의 이름을 붙여서 자랑스럽게 상업재배하고 그 모종을 다른 생산자에게 판매까지 하는 농가도 있었다. 출처가 불분명하고 근본 없는 커피가 유통되면서 소비자는 비싼 가격에 나쁜 콩을 잘못 구매하지나 않을까 하는 불안감을 지울 수가 없다.

조금만 훈련을 받으면, 커피 인공교배는 그다지 어려운 일은 아니다. 그러나 F1을 만들어 그다음 선발 및 교배를 반복한 후 품종이 고정되기까지는 충분한 지식과 방대한 시간이 필요하다.

그런가 하면 최근에는 '희귀한 커피' 붐이 일고 있다. '희귀함=부가가치'로 착각

로부스타종 특유의 체리가 달린 모양. 아라비카종과 달라서 가지에 체리 송이를 이루며 달리기 때문에 한눈에 알아차릴 수 있다.

품종에 따라 커피체리의 색도 형태도 크기도 다르다. 이를 보는 것만으로도, 단일품종으로 밭을 만들어야 할 필요성을 이해할 수 있다.

커피 품종과 그 분류

원종	원래 야생의 품종 티피카, 부르봉, 게이샤, 모카, 로부스타, 콜리로, 리베리고 등
돌연변이종	재배환경 등에 기인하여 유전자가 변화한 품종 부르봉 포완투, 카투라, 마라고지페, 파카스, 비자 사치, 파체 등
자연교배종	자연계에서 이종 간 교배가 이루어진 품종 문도노보, 하이브리드 티모르 등
인공교배종	인공적으로 이종 간 교배가 이루어진 품종 파카마라, 카티모르, 사치모르, 타비, 오바타, 카투아이, N39, KP423, S795, 아라브스타 등
선발종	특정 유용특성을 지닌 나무를 골라, 그들끼리 교배를 반복해 희망하는 특성을 만들어 낸 품종 SL28, SL34, 켄트, K7, TEKISIC 등

하는 생산자와 소비국의 바이어, 로스터가 늘고 있다. 참으로 골치 아픈 일이다.

특정 토양에서 오래 재배되어 온 재래종은 그곳 환경에 적응해 뿌리내린 것이며, 산지 고유의 맛과 특징을 보여준다. 품종과 재배환경이 맞지 않으면 특성은 발휘되지 않는다. 즉 단순하게 게이샤를 밭에 심기만 해서는 그것이 토지의 환경에 적응하리라는 보장도 없다. 특히 게이샤라는 품종은, 다른 품종들과 달리 저온과 습도가 있는 환경이 필요하다. 바람에 약한 것도 특징이다.

커피 품종은 위의 표처럼 분류된다. 필자의 경험으로 배운 것이지만, 역시 원종은 강하다. 원종은 원래 야생이기 때문에 비료를 주지 않아도 어떻게든 살아남는다. 그러나 인공교배종은 비료를 주지 않으면 그 영향이 바로 나타난다.

- 004 한국어판 서문
- 006 시작하며
- 008 커피는 어떻게 만들어지는가
- 010 기억해 두면 좋은 품종 지식

016 Part 1
세계의 커피산지

017 아프리카·중동편

018 에티오피아	038 잠비아
024 케냐	040 앙골라
026 탄자니아	044 마다가스카르
030 르완다	050 레위니옹섬
034 부룬디	054 예멘
036 말라위	

058　아시아·태평양·북미 편

- 060　태국
- 064　베트남
- 070　라오스
- 072　미얀마
- 074　중국
- 076　인도네시아
- 080　동티모르
- 084　하와이
- 090　캘리포니아
- 092　멕시코

098　중미·카리브해 편

- 100　과테말라
- 106　벨리즈
- 108　온두라스
- 112　엘살바도르
- 116　니카라과
- 118　코스타리카
- 120　파나마
- 124　쿠바
- 128　자메이카
- 134　도미니카공화국
- 138　푸에리토리코

141 남미 편

- 142 베네수엘라
- 144 콜롬비아
- 148 브라질
- 152 페루

Column

- 042 포르투갈의 녹병 연구소
- 096 세계의 커피숍
- 122 역사와 신용을 나타내는 농원 통화
- 140 세계의 커피 제품
- 156 각국 각지의 마시는 법, 내리는 법

158 Part 2
더 알고 싶은 맛있는 커피

- 160 수확방법의 차이와 그 영향
- 162 프로세스(정제방법)의 종류와 맛

164 결점두 구분방법과 맛에 끼치는 영향
166 묘목 만들기와 교배에 대하여
168 수송방법과 온도 관리의 중요성
170 커피의 '맛있음'이란 무엇인가?

172 **Part 3**
세계의 커피의 현재와 미래

174 농원 내의 문제들과 그 해결책
180 '커피의 2050년 문제'와 대책

184 커피에 관한 중요한 것들
188 부록 알아두면 좋은 커피 용어사전
195 마치며
196 역자 후기

Part 1
세계의 커피 산지

이번 장에서는 세계 각국, 각 지역의 커피 사정을 오랜기간에 걸쳐 실제로 다녀온 필자의 시점에서 소개한다. 커피 재배 및 생산에 관한 것은 물론이고 그 국가의 모습과 그들의 역사, 사람들의 생활 등을 이미지와 함께 떠올리면서 읽어보면 어떨까.

※ 각국의 기본 데이터는 일본 외무성 HP의 자료와 UN 자료 등을 참고했다. 또 커피 총생산량은 ICO(국제커피기구)가 발표한 2019~2020년 통계로, 1bag=60kg 마대 기준으로 환산한 수치이다.

커피헌터와 함께하는
세계 커피산지 여행

아프리카 · 중동편

에티오피아, 케냐, 탄자니아, 르완다, 부룬디, 말라위, 잠비아, 앙골라, 마다가스카르, 레위니옹섬, 예멘

커피 루트라고 할 수 있는 이 지역에는 오래 전부터 유명한 생산국·산지가 많았다. 쉽게 가기 어려운 먼 곳들이고 구체적인 이미지가 떠오르지 않겠지만, 좋아하는 커피 산지의 풍경을 그려보면서 읽으면, 더 맛있게 느껴질 것이다.

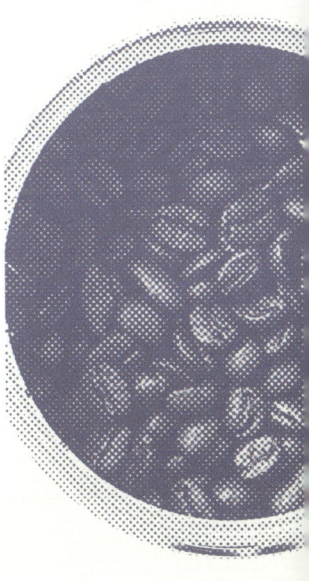

커피헌터와 함께하는 세계 커피산지 여행

모카의 뿌리 '모카 하라' 탐구와 맛있는 블루나일
에티오피아
Federal Democratic Republic of Ethiopia
에티오피아연방민주공화국

DATA

수도	아디스아바바
면적	109,7만㎢(일본의 약 3배)
인구	1억 2,971만 명(2024년, UN)
언어	암하라어, 오로모어, 영어, 그 외 다수언어
민족	오로모인, 암하라인, 티그라이인, 소말리인 등 약 80개 민족
종교	기독교, 이슬람교 등
주요산업	농업(곡물, 콩류, 커피, 기름작물 종자, 사탕수수, 감자, 챗(에티오피아 원산 상록관엽수), 꽃근, 피혁(양, 염소, 산양)
통화	에티오피아 비르

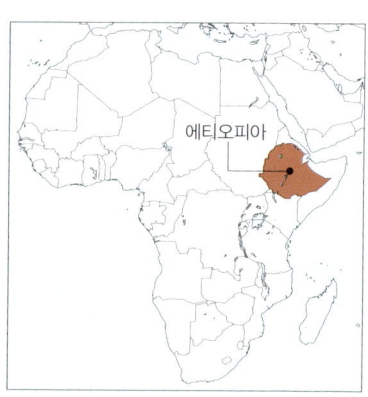

커피 관련 정보

주요산지	짐마, 시다모, 하라, 레켐부티, 예가체프
총생산량	734만 3,000bag(2019~2020년)
생산국랭킹	5위

> **❶ One Point**
> 시다모지구의 마을 이름이기도 한 '예가체프'가 유명. 모카커피의 흐름 중 하나인 '모카 하라'의 기원이 되는 나라이기도 하다.

처음 에티오피아에 간 것은 1995년 5월 1일이었다. 탄자니아 킬리만자로 공항에서 우간다 엔테베 공항을 경유해, 아디스아바바행 에티오피아 항공을 탔었다. 기내에 앉아 엔테베까지도 의외로 시간이 걸리는 것 같다고 생각하고 있을 때 비행기가 하강하기 시작했다. '엔테베 공항은 유명한 빅토리아호수 근처에 있다'는 정보를 들어서 상공에서 내려다보려고 창밖을 보았으나, 아쉽게도 호수는 보이지 않았다.

승무원에게 "이곳이 엔테베입니까?" 하고 묻자 "승객이 없어서 그대로 아디스아바바로 왔습니다."라고 아무렇지 않게 대답했다. 3시간 가까이 빠르게 최종 목적지에 도착해 버린 것이다.

에티오피아 인민혁명민주전선이 수도를 점령해 멩기스투 정권이 붕괴한 지 4

아프리카·중동 　Africa·Middle East

아디스아바바에 있는 공장에서 여성들이 독특한 경사가 있는 테이블에서 핸드 소팅을 하고 있다. 현재 이 작업을 할 수 있는 일손이 부족해 심각한 문제가 되고 있다.

년밖에 지나지 않은 데다, 앞서 2년 전에는 에리트레아가 에티오피아에서 분리·독립한 상황이었다. 그러다 보니 처음 내린 아디스아바바 국제공항 곳곳에 병사들이 자동소총을 들고 경비를 서는 등 긴장감으로 가득했다.

어쩌면 마중 나와야 할 무역업자가 오지 않았을지도 모르는 상황이라 불안해하며 짐을 기다리다가, 공항 BGM으로 '항구마을 블루스'가 흐르고 있다는 걸 알아차렸다. 그 후에도 계속 일본 엔카가 가사 없이 흘러나온 덕에 긴장은 조금씩 풀리고 있었다. 에티오피아 음악이 일본의 엔카와 닮았다는 사실은 좀 더 나중에 알았다. 그날은 아마도 일본에 머물던 에티오피아인이 가지고 귀국한 레코드를 공항에서 틀었던 듯하다.

당시 외국인이 묵는 숙소는 힐튼호텔 뿐이었다. 큰 고함과 함께 많은 이들이 북적거리는 소리에 눈이 떠져 창밖을 내

최근에는 꽤 화려하고 선명해진 에티오피아 요리. 테프로 만든 은저라를 찢어 여러 재료를 싸서 먹는다.

다보니, 셀 수 없을 정도로 많은 사람이 어둑한 거리를 달리는 모습이 눈에 들어왔다. 놀라운 풍경이었다. 빈곤하고 교육받지 못한 사람들이 유일하게 해외로 나가 일확천금을 노릴 수 있는 길이 육상 경기여서, 진지하게 트레이닝을 하는 것이라고 했다.

외국인이 갈 수 있는 가게도 많지 않았다. 음산한 에티오피아 식당에서 웨이트리스가 테이블보를 펼쳐서 까는 것을 깜빡하고 그냥 둘둘 말린 채 놓고 간 줄 알았는데, 그것이 바로 곡물 테프로 만든 주식 '은저라'였다. 은저라도 최근에는 예쁘게 세팅을 해서 담아준다.

충격적이던 경험도 있다. 정부의 커피 관계자와 면담하던 때의 일이다. 내가 이야기를 하는데, 그가 빈번하게 상반신을 흔들며 딸꾹질을 하듯 숨을 들이마시는 것이었다. 몸 상태가 안 좋은 건지, 아니면 다른 문제라도 있는 것인지 두근

아프리카·중동 Africa·Middle East

프라이팬 로스팅부터 시작하는 에티오피아의 전통 커피 세레모니(좌). 얼핏 행주로 보이는, 오래된 레스토랑의 은저라(우).

두근했는데 나중에 알고 보니 그것이 잘 듣고 있다는 에티오피아인 특유의 추임새였다고 한다. 최근에는 그런 추임새가 거의 없어진 것 같지만.

짐마와 시다모를 방문한 후, 여행의 주요 목적지였던 '모카하라 커피' 탐구를 떠났다. 커피계에서 이미 익숙한 에티오피아 하라 모카와 예멘 마타리 모카의 차이를 조사하고 싶었다.

아디스아바바에서 500km나 떨어진 하라 중심지 딜레 다와까지 10시간 육로 이동. 건조한 대지의 비포장도로를 달리는 동안, 종종 타는 냄새가 나는 전차와 총을 쥔 유목민을 만나기도 했다. 당시 에티오피아 커피는 짐마, 시다모, 하라, 레켄푸티 각 지역으로 분류되어 있었고, 그 이외 지역은 모두 짐마에 포함시키는 형편이었다.

최근 유행을 타고 일본의 카페에서도 자주 눈에 띄는 '예가체프'는 시다모 지역에 있는 마을로, 당시는 시다모로 구분됐다. 하라 이외의 커피는 수도 아디스아바바 옥션에서 모두 거래되고, 하라만 동부의 딜레 다와에서 옥션 거래되는 상황이었다.

에티오피아 커피 연구의 중추인 농업국커피연구소Institute of Agriculture coffee research station의 본부는 짐마에 있고, 전국 6개소에 지소를 두고 있었다.

그 이후로도 종종 에티오피아에 갔지만 1999년 방문은 매우 특별했다. '고도 4,000m를 넘어 대지의 끝에 있는 야생커피'. '북부 타나호에 떠 있는 섬 위에 에티오피아 정교회 수도원이 있고, 그 수도원 후원에 수도사들이 심어둔 커피가 훌륭한 아로마를 풍긴다.' 이 두 가지 에티

중앙에 대충 쌓여있는 생두(좌, 상). 블루나일은 타나호에서 흘러내리는 이 폭포에서 시작된다(우, 상). 에티오피아 정교의 벽화. 오랜 교회는 각지에 남겨져 있으며, 한번 볼 만한 가치가 있다(좌, 하). 핸드 소팅을 하는 여성들(우, 하).

오피아발 정보가 당시 내가 일하던 회사로 들려왔다. 이런 종류의 수상한 이야기는 신뢰할 수 없으니 듣고 흘리는 게 보통이지만, 회사에서는 '아무래도 조사를 다녀왔으면 좋겠다'는 지시를 내게 내렸다.

경유지인 독일 프랑크푸르트 관광에서 독감 바이러스에 걸렸는지 아디스아바바에서 증상이 나타나는 바람에, 고열로 고생을 했다. '설마 말라리아인가?' 일본대사관 의무관이 호텔까지 와서 진찰을 해주었다. 의무관의 부인이 만들어 준 주먹밥과 보온병에 든 된장국을 먹으며 느꼈던 안도감과 맛은 지금도 잊을 수가 없다.

진단결과 독감이었고, 약을 먹은 후 잠시 호텔에서 쉬기로 했다. 그렇지만 계속 자고 있을 수만은 없으니 열이 38℃로 떨어지자마자 육로로 4,000m 높이의 산을 넘는 강행군을 했다. 열과 기압으로 인해 몽롱한 상태에서 차창을 보

아프리카·중동 Africa·Middle East

딜레 다와를 향해 가는 길에 만난, 파괴된 소련제 전차를 배경으로(좌). 열로 헤롱헤롱 하는 상태로 들판 같은 공항에 도착한 후, 사륜구동차로 바꿔 타며 4,000m 산악을 넘었다(우).

니 에티오피안 레드울프가 나란히 달리고 있었다. 이름은 알고 있었지만 '야생 늑대를 이렇게 가까이서 볼 수 있게 되다니!' 너무나 감동적인 광경이었다.

겨우 도착한 그곳에는 야생이 아닌, 방치된 커피 밭이 있었다. 야생 늑대는 만났지만, 야생 커피는 없었다.

그 후 안내인과 비행기를 경유해 타고 북부 타나호를 향해 갔다. 거대한 폭포가 있었는데, 그것이 블루나일의 원류였다. 빅토리아호에서 흘러나오는 화이트나일과 수단에서 합류한다고 들었다. 대하大河가 국가를 가르는 장대함이 경이로웠다.

이쪽 커피는 아쉽게도 눈에 띄는 수확은 없었지만, 블루나일의 원류를 보고 에티오피아 정교에 관한 지식을 얻은 것은 큰 수확이었다.

2007년 2월에는 아디스아바바에서 개최된 동아프리카파인커피협회EAFCA(현재는 '동'이 빠지고 AFCA로 개명) 총회에 초대를 받았다. 아프리카 55개국이 가맹된 세계 최대급 지역기관 아프리카연합 African Union의 훌륭한 회의장에서 강연한 것도 나에게는 그리운 추억이다.

아디스아바바에 본부를 둔 아프리카연합 본부 정문에서 기념촬영. 경비가 매우 삼엄했다.

프랑스인 선교사가 레위니옹섬에서 가져온 것이 기원

케냐

Republic of Kenya
케냐공화국

DATA

수도	나이로비
면적	58.3만㎢(일본의 약 1.5배)
인구	5,620만 명(2024년, UN)
언어	스와힐리어, 영어
민족	키쿠유족, 루야족, 카렌진족, 루어족 등
종교	전통 종교, 기독교, 이슬람교
주요산업	커피, 홍차, 원예작물, 사이잘삼, 제충균, 식품 가공, 석유제품, 설탕 등
통화	케냐 실링

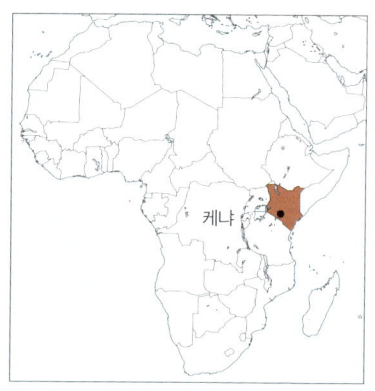

커피 관련 정보

주요산지	니에리, 키암부, 케냐산 주변, 나이로비 주변
총생산량	84만 4,000bag(2019~2020년)
생산국랭킹	16위

> **❗ One Point**
> 프랑스인 선교사가 가져온 부르봉 포완투 '프렌치미션종'을 주종으로 1920년대부터 본격적으로 플랜테이션이 개발되었다.

케냐에서 태어난 인공교배종으로 녹병에 내성이 있는 루이루11의 품질 평가가 유럽과 일본시장에서 썩 좋지 않았으므로 그 원인을 찾기 위해 1995년 케냐를 처음 방문했다.

이때 태어나서 처음 세계 일주 티켓으로 여행을 했다. 하와이 코나에서 호놀룰루로 날아간 후 미주리주 센트럴루이스, 영국, 케냐, 탄자니아, 에티오피아, 독일, 포르투갈, 일본, 하와이로 거의 1개월간 장기여행을 했다. 이 여행으로 세계 일주 티켓이 의외로 저렴하다는 사실을 알게 되었다. 세계 커피 산지를 날아다니는 일에는 최적의 티켓이다.

케냐의 수도 나이로비에 관한 인상은, 한적한 코나에서 살고 있던 나에게는 너무나 분주하고 바쁜 도시로 보였다. 영국 식민지 시대 인도에서 넘어온 사람들

아프리카·중동 Africa·Middle East

생두 핸드 소팅. 생산국별로 테이블식과 컨베이어벨트식으로 크게 나뉜다. 테이블식 역시 나라마다 특색이 있다(좌). 컨테이너로 커피를 적재하는 작업. 짊어지는 비법이 있다고 하지만 중노동이다(우, 상). 형형색색으로 화려한 나이로비의 재래시장 바자르(우, 하).

이 많이 살고 있었으며, 그래서인지 나이로비에서 먹은 음식 중 가장 맛있던 것이 카레라는 점도 인상적이었다.

1899년, 프랑스인 선교사가 부르봉종을 레위니옹섬에서 나이로비 기독교 교회로 가져와 심은 것이 케냐 커피의 시작으로 알려져 있다. 이 커피가 프렌치미션종이라고 불리는 이유다. 1920년대로 접어들며 유럽인이 커피 플렌테이션 개발을 시작했다.

케냐커피원CBK을 방문해 루이루11 관련 이야기를 들어보려고 했으나 CBK는 이 건에 대해 매우 민감하게 반응하면서 품질 문제는 전혀 없다는 말만 반복했다. 이 재배종을 만든 커피리서치재단 CRF에도 초대를 의뢰했지만, '올 필요 없다'는 말로 거절당했다.

하는 수 없이 직접 몸을 던져보자는 심정으로 약속을 잡지 않고 CRF를 방문했다. 택시에서 내려 들어가니 때마침 유전자 담당연구원이 근무 중이었고, 그는 매우 친절하게 나의 질문에 대해 자세한 대답을 해주었다. 그 연구원의 설명을 통해 동아프리카에서는 녹병보다도 CBD(커피 열매에 생기는 병)가 심각한 문제이며, 루이루11은 두 병 모두에 내성이 있다는 사실을 알게 되었다.

케냐에서 태어난 선발종 SL28과 하이브리드 티모르를 교배하는 실험이 1972년에 시작되어 1985년부터 농가에서 루이루11을 재배하기에 이르렀다.

밭도 구경시켜주었는데, 열매 간 균일성이 떨어지고 종자로서 안정되지 못했다는 판단이 들었다. 그것이 품질에도 영향을 끼친 게 아니었을까 싶다. 그렇지만 현재는 안정된 품질의 커피를 생산하고 있다.

커피헌터와 함께하는 세계 커피산지 여행

북부 킬리만자로산이 유명하지만, 산지는 남부에도

탄자니아

United Republic of Tanzania
탄자니아연합공화국

DATA

수도	도도마(법률상 수도, 사실상 중심지는 다르에스살람)
면적	94.5만㎢(일본의 약 2.5배)
인구	6,941만 9,000명(2024년, UN)
언어	스와힐리어(국어), 영어(공용어)
민족	스쿠마족, 냐쿠사족, 하야족, 차가족, 자라모족 등, 약 130개 민족
종교	이슬람교(40%), 기독교(40%), 토착 종교(20%)
주요산업	농림수산, 광업, 제조업, 건설업, 서비스업
통화	탄자니아 실링

커피 관련 정보

주요산지	킬리만자로산 주변, 응고롱고로크레터 주변, 키고마, 음빙가 등
총생산량	92만 6,000bag(2019~2020년)
생산국랭킹	15위

> **One Point**
> 킬리만자로는 세계적으로 유명. 1893년에 프랑스인 선교사가 킬리만자로 산악 킬레마 마을 교회에 부르봉종을 심은 것이 시작이다.

이미 유명 브랜드로 자리매김한 북부 킬리만자로 커피와 남부의 새로운 산지 음빙가를 조사하기 위해 1995년 처음 탄자니아를 방문했다.

케냐 나이로비에서 육로로 탄자니아 북부 커피 중심지 모시를 목적지로 300km 이상을 돌파, 웅장한 대지와 서서히 드러나는 눈 쌓인 킬리만자로산에 심장이 요동쳤다.

당시 탄자니아 커피는 케냐 국경과 맞닿은 북부(모시, 아르샤), 부룬디와 자일(현재의 콩고민주공화국) 국경 인근 키고마, 잠비아 국경 인근인 남서부 음보디와 말라위 접경지역인 남부 음빙가에서는 아라비카종, 북서부 빅토리아 호반 부코바에서는 로부스타종 재배가 행해지고 있었다.

모시에서는 농가와 정제공장을 방문

아프리카·중동 Africa·Middle East

탄자니아가 독립할 당시 사회주의 정권이 들어설 것을 두려워한 독일인 이주자가 기독교 수도원에 팔아버린 커피농원은 어린이들의 통학로이다.

했고, 모든 탄자니아 커피 옥션을 취급하는 카아와하우스에서 거래현장을 견학했다. 킬리만자로 등산로 입구에는 세계 각국 산 사나이들이 모여 각자 고용한 셰르파와 함께 산정상 등정을 준비하는 장면이 인상적이었다. 그 후 다르에스살람으로 이동했는데, 탄자니아가 구 독일령이었다는 사실을 짐작게 하는 건물들이 많이 남아있는 항구마을이었다.

여기서 남부 산지를 안내해주는 커피무역업자와 만났다. 독일이 1차 세계대전에서 패배한 후 탄자니아는 영국의 위임통치령으로 편입됐다. 그 직후 영국령 인도에서 인도인들이 대거 들어온 영향으로, 다르에스살람에는 지금도 인도계 사업가가 많다. 나를 안내해 준 커피 무역업자 역시 인도계였다.

그의 집에 머물면서, 다음날 그의 소형비행기로 남부 마을인 송게아를 향해 갔다. 조종사는 완벽한 영국식 영어를 구사하는 인도계 직원으로, 쾌적한 2시

현재 탄자니아인 수녀들이 매일 맛있는 커피를 만들기 위해 노력하고 있다. 이 지역은 교통수단이 없어서 학교에 다닐 수 없는 아이들이 많은데, 5년 전쯤 기숙형 여자중고등학교가 수도원 내에 설립되었다. 부족한 예산으로도 방문할 때마다 눈에 띄는 진화를 보여 개인적으로 매우 존경하는 시설이다.

간 반의 여행이었다. 소형비행기이기 때문에 저공비행이 가능해서 제트기로는 맛볼 수 없는 아프리카 대륙의 경치를 만끽했다.

송게아에서 차로 100km 떨어진 음빙가로 이동했다. 기독교 단체가 영국 건설회사에 발주해 만든 마을로, 상수도 시설만 겨우 갖췄을 뿐 전기는 아직 없었다. 남부는 신흥산지라고 알고 있었는데, 실은 1936년부터 커피를 재배했다고 한다. 다만 큰 성장은 이루지 못하다가 유럽경제공동체EEC의 원조를 받아 1977년부터 시작된 산업육성 프로젝트로 증산체제를 갖추었다.

커피 밭에서 나무를 젖히며 걸어가던 중, 시야에 불쑥 펼쳐진 말라위호수를 보던 순간은 형용하기 힘든 감동이었다.

남부 기후와 토양의 개성을 지닌 커피 브랜드 확립을 기대했지만, 정부는 부코

아프리카·중동 Africa·Middle East

킬레마 수도원 앞에서 초등학생들과(좌, 상). 1893년에 심긴 부르봉 커피나무(우, 상)와 체리(좌, 하). 프랑스인 선교사 무덤 앞에서 수도원장과 함께(우, 하)

바에서 생산되는 로부스타 이외 아라비카종 전부를 '킬리만자로'라고 명명하라는 지시를 일방적으로 내려버렸다. 그야말로 어리석은 정책이었다.

그 후 여러 번 탄자니아를 방문했는데, 항상 신경 쓰이는 것이 '진짜' 킬리만자로 커피의 존재였다. 현지조사 결과, 1893년 프랑스 선교사가 레위니옹섬에서 가져온 부르봉종 묘목을 킬리만자로 산악마을 킬레마의 수도원에 심은 것이 탄자니아 커피의 시작이었다. 신뢰할 만한 커피 관계자 친구에게 부탁해 그 마더트리 mother tree, 母樹를 찾아나섰다.

당시에는 킬레마가 킬리만자로 산악 부근에서 번영하던 마을이었던지, 매우 훌륭한 수도원이 남아있었다. 그리고 다행히 탄자니아 커피의 시작인 마더트리와, 그 나무를 심은 프랑스인 선교사의 무덤까지 남아있었다.

이렇게 '진짜 킬리만자로 커피'를 찾아내어 수도원 주변 소농가에게 커피를 모으게 한 뒤 일본에 소개했었다.

커피헌터와 함께하는 세계 커피산지 여행

고난의 대학살 역사를 딛고 부르봉 미비리지를 재배 중

르완다

Republic of Rwanda
르완다공화국

DATA

수도	키갈리
면적	2.63만㎢
인구	1,441만 4,900명(2004년, UN)
언어	르완다어, 영어(2009년 프랑스어를 대체한 교육 언어로 영어를 추가), 프랑스어, 스와힐리어
민족	후투족, 투치족, 트와족(르완다에서는 이를 나타내는 신분증명서는 폐지)
종교	기독교(가톨릭, 프로테스탄트), 이슬람교
주요산업	커피, 홍차
통화	르완다 프랑

커피 관련 정보

주요산지	서부 카롱기, 루시지, 루바브, 남부 후에, 냐마가베, 북부의 가켕케, 루린드
총생산량	34만 8,000bag(2019~2020년)
생산국랭킹	26위

> **One Point**
> 종주국에서 독립이 늦어진 다른 아프리카 나라들의 사례처럼 재배기술이 계승되지 못했지만, 부르봉 미비리지Mibirizi에 기대를 해본다.

일본무역진흥기구JETRO의 의뢰로 처음 르완다에 가게 된 것은 2012년 2월이었다. 일본시장에 르완다 커피를 소개하는 것을 JETRO가 기획해, 현지조사를 의뢰 받은 터였다.

르완다라고 하면 1994년에 일어난, 후투족에 의한 투치족 대학살이 유명하다. 3개월간 80만 명의 투치족과 학살에 가담하지 않은 후투족 사람들이 죽임을 당한 슬픈 역사다. 따라서 르완다에 가기로 결정할 당시에는 가족과 회사 동료, 친구들로부터 "괜찮겠어?" 하는 걱정을 들었고, 나 자신도 불안했었다.

다만 과거의 경험으로 비추어, 무슨 일이 일어나더라도 어떻게든 되겠지, 하는 심산도 있었다. 실제로 르완다 수도 키갈리 공항에 도착했을 때 나는 어안이 벙벙해졌다. 케냐처럼 입국심사와 세관

아프리카·중동 ✈ Africa·Middle East

케냐 자본 정제공장에 팔려나가는 것에 대항해 소농가가 모여 설립한 키부호반의 농협 정제공장. 기술지도를 했지만 안타깝게도 도중에 도산하고 말았다.

검사 과정에서 까탈스럽게 대하거나 물고 늘어지는 일도 없었다. 거리도 깨끗하고 질서정연했다. 나중에 알게 된 사실인데, 매월 마지막 토요일 오전에는 대통령이든 장관이든 신체 건강한 국민은 모두 밖에 나와 사회봉사를 하는 '움간다'라는 룰이 있었다. 게다가 누구도 쓰레기를 도로에 버리지 않으니, 쓰레기는커녕 '클린한' 마을 그 자체였다.

내가 아는 한, 르완다는 세계의 모든 커피 산지 중에서 쓰레기가 제일 없는 깨끗한 나라이다. 치안도 최고 수준이어서 심야에 거리를 다녀도 안전하다. 이런 나라에서 대학살이 있었다는 사실을 도저히 믿을 수 없을 정도로 평화로웠다.

중요한 커피 이야기를 하자면, 유감스럽게도 너무나 뒤늦게 시작되었다. 르완다에 커피가 들어온 것은 독일 식민지 시대. 독일인 기독교 선교사가 콩고에서 커피를 전파했다고 알려져 있다. 커피는 아프리카 원산 식물이지만, 현재 아프리

씨 뿌리기부터 지도를 개시(좌, 상). 여유로운 시골 풍경(우, 상). 르완다 명물인 염소 꼬치, 브로셋(좌, 하). 사람을 좋아하는 아이들(하, 중·우).

카에서 생산되는 커피는 전체의 약 12% 전후에 불과하다. 가장 큰 비중을 차지하는 곳은 중남미로, 60% 이상이 중남미에서 생산된다.

중남미와 아프리카의 차이는 커피 재배가 시작된 시점의 사회제도에서 기인하는 듯하다. 중남미에 커피가 전해진 것은 스페인과 포르투갈에서 독립한 후, 즉 자신의 토지를 가진 농민이 19세기부터 커피 재배를 이어온 것이다.

반면 아프리카 나라들이 유럽 제국에서 독립한 것은 이보다 한참 뒤인 1960년대이다. 그때까지 아프리카인들은 유럽인이 경영하는 농원에서 노예처럼 일하거나 소작농으로서 커피 재배를 해왔다. 그 탓에 커피 재배 역사가 오래되었음에도, 현재의 생산자에게 기술이 전승되지 않은 것이다.

르완다에서도 독일 식민지 시대에는 교회가 농민에게 커피 재배를 지시했는데, 종주국이 벨기에로 바뀌면서 현지인을 농노처럼 취급해 농장주들은 툭하면

아프리카·중동 ✕ Africa·Middle East

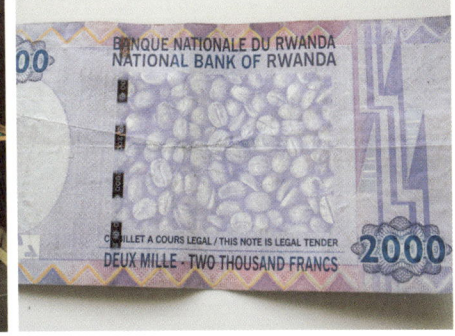

커피체리의 마대자루 운반용으로 개발된 자전거(좌). 커피보다 홍차를 자주 마시는 나라지만, 지폐에는 커피콩 모양이 들어있다(우).

채찍을 휘두르며 학대했다. 나이든 이들 중에 "커피는 악마의 음료"라거나 "커피 하면 치가 떨릴 정도로 싫은 기억만 떠오른다"고 말하는 사람들이 있는 것은 그런 역사 때문이다.

더욱이 르완다인이 일반적으로 마시는 음료는 홍차에 설탕과 밀크, 진저를 넣은 아프리칸 티. 차밭은 조성도 관리도 훌륭한데, 커피 밭은 제대로 된 곳이 없었다. 농민이 커피를 마시지 않으니 재배나 품질에 대한 관심이나 열정도 없었던 것이다. 이에 따라 JICA가 이끄는 '르완다 커피 밸류 체인 강화 프로젝트'가 꾸려졌다.

르완다 정부는 녹병에 내성이 있고 많은 수확이 가능한 재배종을 심고자 했다. 하지만 나는 '내륙국가여서 육상 운임이 추가로 드는 데다 인지도마저 낮은 르완다 커피가 다른 나라들과 같은 품종일 경우, 시장에서 먹히지 않는다. 르완다만의 특산품을 만들어야 한다'고 설득했다. 그리고 문헌과 역사를 뒤져서 마침내 결정한 것이 부르봉 미비리지라는 품종이었다.

이 품종은 내가 몸담았던 엘살바도르 연구소의 실험군에 포함돼 있었기 때문에, 이름 자체는 익숙했다. 하지만 이 품종의 이름 유래가 르완다 남서부 미비리지 마을이라는 사실은 그때 처음 알았다. 과거 독일인 선교사가 미비리지 교회 뒤뜰에 심은 커피의 품질이 매우 좋아서, 품종 이름으로 채택되었다는 것이다. 특산품으로서 그 이상의 조건은 없었다. 현재 품질 좋은 세 타입의 부르봉 미비리지 잎을 조직 배양해 클론을 만든 뒤 국내 8개소에서 재배실험을 하고 있다. 여담이지만, 이름은 '부르봉 미비리지'인데, 실제로는 부르봉이 아니라 티피카에 가까운 품종이다.

치안은 아직 불안정하지만, 커피 재배 열의는 넘쳐나는 곳

부룬디

Republic of Burundi
부룬디공화국

DATA

수도	기테가
면적	2.78만㎢
인구	1,359만 1,600명(2024년, UN)
언어	키룬디어, 프랑스어(이상 공용어)
민족	후투족, 투치족, 트와족
종교	기독교(가톨릭, 프로테스탄트)
주요산업	금, 커피, 홍차 등
통화	부룬디 프랑

커피 관련 정보

주요산지	북부 응고마, 카얀자, 중서부 기테가, 응고지, 카루시
총생산량	27만 2,000bag(2019~2020년)
생산국랭킹	29위

> **❗ One Point**
> 르완다 남쪽에 면하고 있으며, 국가보다 긴 전장 673km의 탕가니카호 북동부에 접해 있는 나라가 부룬디. 열정적인 사람들이 있어서 커피 재배의 잠재력은 높다.

2012년에 르완다 커피 프로젝트에 착수하고 수년이 지난 후, 도쿄에 있는 회사로 일본 외무성에서 전화를 걸어왔다. "방일 중인 부룬디 정부 관료가 당신을 만나고 싶다고 하는데, 회사를 방문해도 괜찮겠습니까?"

회사를 방문한 부룬디의 고위관료가 내게 말했다. "당신은 르완다를 여러 번 방문해서 커피산업을 지원하고 있는데, 왜 부룬디에는 오지 않는 겁니까? 부룬디는 르완다에서 비행기로 40분밖에 걸리지 않아요."

사실 르완다는 JICA로부터 의뢰를 받고 간 것이다. 마찬가지로 내 맘대로 부룬디에 갈 수는 없으니, 정식 루트로 요청하라고 설명한 뒤 커피를 대접해 돌려보냈다. 그러나 당시 부룬디는 정치적으

아프리카·중동 ✈ Africa·Middle East

부룬디 산지의 풍경(좌). 처음 본 파종용 검은 종자. 살균을 위해 숯가루를 뿌렸다고 하는데, 효과가 있는지는 의문이다(중). 워크숍 후 박력 있는 민족무용을 보여 주었다(우, 상). 탕가니카 호반의 점심식사. 거대한 호수로, 마치 해변에 있는 기분이었다(우, 하).

로 매우 불안정한 데다 치안도 좋지 않았다. JICA의 부룬디 사무소 스태프도 옆 나라 르완다로 피신해 키갈리 사무소에서 일을 보고 있을 정도였으니….

이후 부룬디를 처음 방문한 것은 2022년 10월이었다. 키갈리에서 부룬디 상업의 중심지인 부줌부라로 비행기를 타고 들어갔다. 치안이 매우 좋던 키갈리와 달리, 부줌부라는 건물 입구에 무장한 경비원이 서 있었다. 또 벽 상부에 유리와 철조망을 설치해, 불안한 치안 상태를 대변하고 있었다. 그러나 커피 관계자와 이야기를 할 때면 모두가 매우 밝고, 커피에 관심도 높아서 뜨거운 질문 공세를 받았다.

방문 이틀째에는 커피 산지 응고지에서 부룬디커피개발공사가 주최하는 현장워크숍에 참가했다. 인근 지역 생산자 수백 명이 모인 가운데, 공사의 기술보급원이 커피 묘목 심는 법과 농약 분무 시연을 했다. 이후 매우 놀랍게도 공사의 총재가 스스로 구멍을 뚫어 커피 묘목을 심었다. 아프리카에서 정부 관료가 자기 손을 더럽히는 것을 그때까지 나는 본 적이 없었다. 그 후에도 부룬디의 다른 산지를 방문했는데, 그때마다 커피개발공사 총재와 담당자들이 너무나 열심히 일하는 모습이 인상적이었다.

부룬디는 동아프리카에서도 지역 요리가 가장 맛있는 나라였다. 탕가니카 호수에서 잡히는 무케케 소금구이는 꽁치처럼 맛이 좋았다.

덧붙이자면 탕가니카 호수는 강한 알칼리성 호수이기 때문에 흡혈충이 살지 못한다는 이야기를 들은 적이 있지만, 기본적으로 아프리카 호수에서는 헤엄치지 않는 것이 좋다고 본다.

커피헌터와 함께하는 세계 커피산지 여행

영국 식민지 시대부터 시작된 오랜 커피 재배 역사, 젊은이가 많은 나라

말라위

Republic of Malawi
말라위공화국

DATA

수도	릴롱궤
면적	11.8만㎢
인구	2,041만 5,900명(2024년, UN)
언어	치체와어, 영어(이상 공용어), 각 민족어
민족	반투계(주요 민족은 체와, 툼부카, 응고니, 야오)
종교	기독교(약 75%), 이슬람교, 전통 종교
주요산업	담배, 메이스(옥수수의 일종), 차, 면화, 너트, 커피, 섬유, 비누, 제화, 설탕, 맥주, 성냥, 시멘트
통화	말라위 콰차

커피 관련 정보

주요산지	치티파, 음즈즈, 코타코타, 음타자, 마코카, 툴로
총생산량	1만 6,000bag(2019~2020년)
생산국랭킹	45위

> **❗ One Point**
>
> 미국과 유럽 국가들의 협력에 의한 프로젝트로 1990년대부터 본격적으로 커피 재배가 시작됐다. 젊은이가 많은 국가이기 때문에 향후 발전이 기대된다.

1999년 말라위 정부로부터 의뢰를 받아 커피 조사를 갔다. 국토는 일본의 3분의 1 정도로, 아프리카 그레이트 밸리에 위치하는 내륙국가다. 남북으로 가늘고 긴 말라위호 서쪽에 면해 있다. 정부 농업성 커피 담당관과 북부에서 합류해 일주일에 걸쳐 산지를 돌면서 말라위 호반을 따라 남하, 마지막에 수도 릴롱궤에 도착했다.

말라위는 1891년 영국의 보호령이 되었고, 그 시절 영국인들이 이곳에서 커피 재배를 시작했다. 1964년에 독립한 후 1990년대부터 해외 지원을 받아 커피 산업을 도모했다. 나를 안내해주던 담당관은 미국농업성USDA의 프로젝트를 담당하는 사람으로, 그들이 지원하는 각지의 농협을 함께 방문했다.

매우 친절한 사람이었지만, 독특한 영

아프리카·중동　Africa·Middle East

말라위호수에서 한 아이가 배 위에 앉아 노를 젓고 있다. 말라위는 아프리카의 그레이트리프트 밸리 남단, 거대한 호수의 서안에 있다.

어 발음 때문에 고생을 좀 했다. 호반 도로를 따라 지루하게 남쪽으로 달려야 했는데 '일부 도로는 상태가 너무 나빠서 배를 타는 게 오히려 빠르다'는 이야기를 듣고 중형 화물선에 올라타기도 했다. 이렇게 많이 타도 괜찮을까 걱정스러울 정도로, 수많은 주민이 배 안에 바글바글했다. 마중 나온 농협 사람들과 함께 일을 끝내고 밤이 되었을 무렵 우리가 타고 오던 자동차가 도착했다.

도중에 EU가 지원하는 농협을 방문하기도 했다. 그런데 지원하는 곳이 어디냐에 따라 '보이지 않는 경계선'이라도 있는 걸까? 차를 타고 가던 중 담당자가 '여기서부터는 걸어서 가라'고 하면서 나를 차에서 내리게 했다. 한참을 걸어가 보니 수십 미터 앞에 농민이 기다리고 있었다. 거기까지는 좋았는데, 그 직후부터 EU 프로젝트의 훌륭함과 USDA 프로젝트에 대한 비판을 귀가 따갑게 들어야만 했다. 이런 시골에서 유럽과 미국의 팽팽한 기 싸움이 벌어지는 풍경을 보게 될 줄이야. 왼쪽으로 이어지는 말라위 호반을 매일 한없이 달려 담당관과 이야깃거리도 끊길 무렵, 오른쪽으로 거대한 늪이 나타났다.

늪의 한가운데 섬이 보였는데, 섬에 무엇이 살고 있는지 물으니 담당관은 "피포(사람)."라고 대답했다. 저런 곳에 사람이 산다는 말에 놀란 내가 전기는 있는지? 물은 있는지? 학교는? 하고 질문 공세를 퍼부었다. 그는 어이없다는 표정을 지으며 "그런 게 있을 리 없잖아."라고 대꾸했다. 그가 말한 '피포'는 '히포(하마)'였던 것이다. 하마의 전기와 학교를 걱정하는 이상한 일본인이라고 생각했을 것이다.

말라위는 젊은 국가였다. 역사가 젊다는 의미가 아니라, 평균수명이 짧아서 노인이 별로 없는 의미다. 당시 에이즈 감염자가 말라위에 유독 많았고, 에이즈에 대한 공포로 신생아 출생률도 떨어지고 있다는 설명을 들었다.

커피헌터와 함께하는 세계 커피산지 여행

네덜란드 출신의 건강한 농장주가 만드는 커피 이야기

잠비아

Republic of Zambia
잠비아공화국

DATA

수도	루사카
면적	75.3만㎢(일본의 2배)
인구	2,113만 4,700명(2024년. UN)
언어	영어(공용어), 뱀바어, 난자어, 통가어
민족	73부족(통가족, 난자계, 뱀바계, 룬다계)
종교	기독교도가 80%, 그 외 이슬람교, 힌두교, 전통종교
주요산업	광업(철, 코발트 등), 농업(옥수수, 담배, 면화, 대두), 관광업
통화	잠비아 카와차

커피 관련 정보

주요산지	수도 루사카 주변, 카사마, 이소카
총생산량	1만 5,000bag(2019~2020년)
생산국랭킹	46위

> **! One Point**
> 몇 안 되는 필자의 미 답사 아라비카 생산국이지만, 열심히 하는 농원 주가 있으니 언젠가는 꼭 방문하고 싶다. 잠비아와 짐바브웨에 걸친 빅토리아 폭포도 유명하다.

나는 잠비아를 방문한 적이 없다. 그러나 잠비아 커피에는 강한 매력을 느끼고 있다. 2006년 인접 국가인 탄자니아 킬리만자로산 남서에 있는 아루샤에서 동아프리카파인커피협회EAFCA 연차총회와 전시회가 개최되어 강연 의뢰를 받았다. 그때 만난 사람이 잠비아 커피 생산자 윌리엄 루브린코프 씨였다. 잊을 수 없는 생산자 중 한 명이었다. 네덜란드 출신인 60대 농원주로, 회의장에서 친해져 전시회장에 있는 그의 부스를 방문했다. 커피 샘플이 놓인 부스 뒤에 자전거가 있었다. "웬 자전거죠?" 하고 물으니, 웬걸! 잠비아에서 탄자니아 아루샤까지 자전거를 타고 왔다는 것이다.

그렇게 가까웠나? 머릿속으로 아프리카 지도를 띄워봤지만, 가까울 리가 없었다. 잠비아 수도 루사카에서 이곳 아

아프리카·중동　Africa·Middle East

EAFCA 전시장 MUNALI COFFEE 부스에서 다시 만난 윌리엄 루브린코프 씨와 그의 부인, 자전거로 동행한 친구와 스태프. 너무나 즐거운 일가였다.

윌리엄은 잠비아 투어링 사진을 보여 주면서 즐겁게 설명했다. 잠비아에서 2,000km를 자전거로 달려, 고도 5,895m인 킬리만자로 정상에 서고, 그 직후 전시회에 출전한 강철 체력을 가진 사람이다. 부인에게도 자전거로 왔느냐고 물었더니, "나는 그런 무모한 짓은 안 해요. 비행기로 왔죠." 라며 웃었다.

루샤까지는 2,000km 이상. 그 먼 거리를 그는 자전거를 타고 온 것이다.

과연 유럽인들은 생각하는 게 다르구나 싶었다. 그가 달리는 자전거 뒤를 사륜구동차가 보호하듯 따라오고, 저녁이 되면 스태프가 텐트를 쳐서 식사를 만들었다. 그를 대단하다고 생각한 다른 한 가지가 더 있다. EAFCA가 개최되기 일주일 전에 킬리만자로 남쪽 산악도시 모시에 도착해 킬리만자로 정상을 등정하고 온 것이다.

여러 의미에서 그는 정말로 건강한 생산자였다. 그로부터 잠비아에 와주기를 열심히 권유받았지만, 아직 방문하지 못하고 있다. 그의 농원과 세계 3대 폭포인 빅토리아 폭포는 꼭 한번 가보고 싶다. 그때 그에게서 받은 데미타스 컵은 지금도 집에서 잘 사용하고 있다.

커피헌터와 함께하는 세계 커피산지 여행

포르투갈령 시대에 아프리카 최대 커피 산지

앙골라

Republic of Angola
앙골라공화국

DATA

수도	루안다
면적	124.7만㎢(일본의 약3.3배)
인구	3,780만 4,600명(2024년, UN)
언어	포르투갈어(공용어), 운분두어 등
민족	오빔분두족, 킴분두족, 바콩고족 등
종교	가톨릭, 기독교, 재래종교 등
주요산업	석유, 다이아몬드, 옥수수, 페이전, 설탕, 커피, 사이잘삼
통화	콴자

커피 관련 정보

주요산지	콴자 놀테, 벵겔라, 우암보, 우이즈, 룬다 놀테, 말란제
총생산량	5만 2,000bag(2019~2020년)
생산국랭킹	38위

> **❗ One Point**
> 오래 전에는 브라질, 콜롬비아를 잇는 세계 3위 생산국이었는데, 현재는 쇠퇴. 커피 관련 연구소에서 일하는 앙골라인이 그 역사를 소환한다.

나는 앙골라에는 갈 기회가 없었다. '앙골라에서도 커피 재배를 하나?' 의아해하는 사람이 있을지 모른다. 하지만 포르투갈 식민지 시대에는 아프리카 최대 생산지였고 브라질, 콜롬비아를 잇는 세계 3위 커피 생산량을 자랑했다.

젊은 사람들은 모르겠지만, 내가 고등학생일 무렵까지는 '로부스타 커피 하면 앙골라'라고 할 정도로 유명한 로부스타 산지였다. 그 대부분은 식민 지배국인 포르투갈에서 이주한 사람들이 생산하고 있었다.

1950년대부터 이곳에 독립운동이 일고, 포르투갈군과 장기간에 걸친 독립전쟁을 벌였다. 1975년 독립하지만 3파 주도권 분쟁이 시작되었다. 여기에 이권을 둘러싸고 미국, 소련, 중국이 각각의 배후에 붙으며 내전은 장기화했다. 그런

아프리카·중동 ✈ Africa·Middle East

루안다 교외에 있는 미라두로 다 루아. '달이 보이는 장소'라는 의미로, 무수한 바위가 줄지어 선 광경을 높은 지대에서 바라볼 수 있는 관광 명소다.

수도 루안다의 베이 사이드는 고층빌딩이 줄지어있는 현대적인 마을이다.

혼란을 거치며 안타깝게도 지금은 잊힌 생산지가 되어 버렸다.

언젠가 방문하고 싶다는 생각만 할 뿐이었는데, 1995년 5월 포르투갈 리스본 교외의 녹병연구소CIFC를 방문했을 때 많은 앙골라인 연구자가 그곳에서 일하고 있어서 놀라고 감동했다. 식민지 시대의 종주국에서 유학하고, 장래 앙골라 커피산업을 짊어져 나갈 연구자들이었다. 하지만 조국이 황폐해져 커피산업이 붕괴하면서, 그들은 포르투갈에 남아 녹병 연구를 통해 세계 커피산업에 공헌하고 있었다.

Column 01

포르투갈 녹병연구소

커피 재배의 최대 적 중의 하나가 녹병이다. 세계 유일의 녹병 전문연구기관이
대항해시대에 번영했던 포르투갈 리스본 교외에 있다.
생산지에서 멀리 떨어진 마을에 들어섰지만, 그것도 다 이유가 있다.

1995년, 오랜 꿈이던 포르투갈 녹병연구소CIFC를 방문했다. 수도 리스본에서 한 시간가량 전철을 타고 오이라스라는 마을에 도착한 뒤, 다시 택시를 타고 갔던 기억이 난다.

CIFC은 세계에서 유일하게 커피 녹병을 연구하는 전문 연구소로, 언젠가 방문하고 싶다고 생각하고 있었다. 연구소에서는 소장 카를로스 로드리게스 박사가 나를 반갑게 맞아주었다. 미국에서 박사학위를 취득한 소장이 유창한 영어를 구사해서 안심했다. 스페인어와 비슷하다고 해도, 포르투갈어로 전문적인 이야기를 하면 이해할 수 없을 텐데, 하며 내심 걱정을 했었다.

1951년 아프리카의 포르투갈령 상투메 프린시페에서 카카오 연구를 하던 오리베이라 박사는 커피 녹병 피해의 심각성과 경제적 손실에 주목해, 전문 연구기관 설립을 구상했다. 그리고 포르투갈과 미국 정부의 지원을 받아 1955년 CIFC가 정식으로 설립되었다. 당시는 아직 녹병이 중남미에 전염되기 이전 시절이었다.

미국 정부가 연구소 설립을 지원한 이유는 명확하다. 미국의 뒤뜰이라고 할 수 있는 중남미 커피가 공포스러운 병원균에 감염된다면 경제적으로 문제가 발생해 정세 불안으로 이어질 수 있다는 위기의식을 느꼈기 때문이다. 녹병은 실제로 1970년 브라질에서 감염이 확인된 후 고작 10년 사이에 중남미 모든 생산국으로 번져버렸다.

포르투갈은 커피 상업재배가 없고 생산국들과도 떨어져 있어서, 아프리카와 아시아 등의 감염지역에서 녹병 균을 모아 연구하기에는 최적의 장소였다. 초대 소장 오리베이라 박사는 1973년에 은퇴했고, 나를 안내해준 로드리게스 박사가

당시 연구소 내 모습. 매우 흥미로운 연구를 하고 있었다(좌. 우. 중앙). 녹병연구소 앞에서 로드리게스 박사와 함께. 박사에게 여러모로 신세를 졌다(우).

2대 소장으로 취임했다.

연구소 내에는 세계 생산국들의 기부로 세워진 온실과 랩이 있고, 이 연구결과에 거는 생산국들의 기대감 역시 높다는 것이 느껴졌다. 소장이 직접 연구소를 안내하면서 특별강의까지 해준 덕에 이곳에서 보낸 이틀간은 정말로 행복한 시간이었다.

당시 나는 하와이에서 살며 코나커피 개발과 매입을 하고 있었다. 여기서 배운 지식은 아직 녹병이 없던 하와이에도에서 병을 예방하는 데도 큰 도움이 되었다.

개인적인 이야기지만, 그 후에도 한 번 더 CIFC를 방문하고 싶어서 속내를 감춘 채 신혼여행지로 포르투갈행을 끼워 넣었다. 그리고 도착 후 "연구소에 가야 하니까 하루만 자유롭게 따로 여행하자."라고 부탁을 했다. 물론 아내에게 톡톡히 혼이 났지만, 갖은

방법으로 설득을 해서 로드리게스 박사를 만나러 갔다.

그리고 그날 밤에 박사 부부가 결혼축하로 포르투갈 음악 파드 라이브를 들을 수 있는 레스토랑에 초대를 해주어서, 신혼여행의 좋은 추억이 되었다.

리스본 거리가 너무 좋아서 정년퇴직하면 그곳에 이주해 작은 커피숍을 열고, 느긋하게 커피 책을 쓰는 게 나의 직장인 시절 꿈이기도 했다(CIFC는 2015년에 리스본대학교의 연구기관으로 흡수되었다).

커피헌터와 함께하는 세계 커피산지 여행

밀림에 묻혀있는 고유종 마스카로코페아를 재발견
마다가스카르
Republic of Madagascar
마다가스카르공화국

DATA

수도	안타나나리보
면적	58만 7,295㎢(일본의 약 1.6배)
인구	3,105만 명(2024년, UN)
언어	마다가스카르어, 프랑스어(이상 공용어)
민족	아프리카대륙계, 말레이계. 부족 수는 약 18(메리나, 베티레오 외)
종교	기독교, 전통 종교, 이슬람교
주요산업	농림수산업, 광산업, 관광업
통화	마다가스카르 아리아리

커피 관련 정보

주요산지	수도 안타나나리보 주변, 중부 피아나란초아
총생산량	38만 3,000bag(2019~2020년)
생산국랭킹	25위

> **One Point**
> 아프리카 대륙 남동 연안의 거대한 섬은 고유종이 많은 것으로도 유명하다. 멀리 아시아 커피 산지인 인도네시아 슬라웨시 섬과 언어가 닮아 있는 등 문화면에서도 흥미롭다.

1999년, 오랫동안 꿈꾸어 오던 마다가스카르를 방문했다. 당시는 산지로서 무명이었지만, 1970년대까지 일본 커피업계에서는 마다가스카르와 우간다 워시드 로부스타가 어느 정도 시장을 확보하고 있었다. 그러나 나의 목적은 로부스타가 아니라, 절멸했다고 알려진 '카페인이 없는' 마다가스카르 고유종 마스카로코페아를 찾아가는 것이었다.

알려진 대로 이 섬은 바오밥나무와 아이아이 등 동식물 고유종의 보고다. 커피 역시 이 섬을 중심으로 마스카린 제도에만 서식하는 고유종이 있었다. 내가 이 커피를 알게 된 건 엘살바도르에서 공부할 때였다. 이후 줄곧 현지를 방문해 왜 그 커피가 사라져버렸는지를 밝혀내고, 숨어버린 그 커피나무를 다시 찾아내는 것이 꿈이었다.

아프리카·중동 Africa·Middle East

마하로 교외의 수도원에 세운 콘스타 재배프로젝트. 학생들과 함께 만든 묘목이 잘 자라서, 밭에 심는 작업을 마친 후 기념촬영.

아라비카종과 교배시켜 자연에서 온 맛있는 저카페인 커피를 만들 수 있지 않을까 생각한 것이다. 임신이나 건강상 이유로 커피를 제한해야 하는 사람들이 안심하고 맛있는 저카페인 커피를 마실 수 있게 되면 얼마나 좋을까.

내가 방문을 했을 때는 오랜 기간 유지되던 사회주의 정책이 막 완화되기 시작할 무렵이었다. 공항 입국심사장에는 컴퓨터가 없고, 모두 수기라 길고 긴 시간을 기다려야만 했다. 또 세관에서는 컴퓨터나 카메라 등은 제품명과 제조사명, 시리얼넘버까지 서류에 적어서 내라고 했고, 출국할 때 그것들을 전부 가지고 가는지 대조했었다.

마을로 나가니 공항의 긴장감과는 전혀 다른, 빈곤하지만 평화스러운 분위기

수도원 원장이 이 프로젝트에 매우 협조적이었다. 그늘나무를 심기 어려워서, 마른 풀을 모아서 묘목에 씌웠다.

가 펼쳐졌다. 사람들은 온화하고 매우 친절했다. 어깨를 부딪치는 행위가 마다가스카르 사람들의 싸움이라고 들었을 때는 정말로 놀랐다.

마스카로코페아에 관한 정보는 전혀 없어서, 물어보는 사람마다 '모른다'고만 대답했다. 포기하지 않고 계속 질문하고 다니던 중 '옛날 프랑스인이 어느 연구소에서 커피 연구를 하고 있었다'는 정보를 얻었다.

일본의 1.6배나 되는 마다가스카르섬 어디에 프랑스인이 있었을까. 몇 가지 증언을 토대로 지역을 좁힌 뒤, 운전기사가 딸린 사륜구동차를 두 대 빌려서 탐험 여행을 떠났다. 그리고 고생 끝에, 정글에 묻혀 붕괴해가는 오래된 건물을 발견했다. 숲속으로 더 들어가니 야생으로 살아남은 마스카로코페아가 있었다.

이때 흥분한 마다가스카르인 가이드가 느닷없이 "당신은 커피헌터야!"라고

콜키신colchicine 처리로 배가된 로부스타의 주지. 아라비카종 이외에는 염색체가 22개이기 때문에 아라비카종과 교배실험이 가능하다(좌). 마스카로코페아의 꽃(우)

외친 것을 계기로, 커피업계에서 나는 '커피헌터'라고 불리게 되었다.

프랑스인이 갑자기 마다가스카르에서 사라진 이유는, 1975년 최고혁명위원회 의장에 취임한 후 대통령이 된 군인 디디에 라치라카가 사회주의 노선을 선언하며 옛 식민 지배국인 프랑스인들을 배척했기 때문이다. 그로 인해 커피 연구는 멈추고 마스카로코페아는 정글에 묻혀버렸다.

결론부터 말하자면, 마스카로코페아를 통해 저카페인 커피를 개발한다는 꿈은 이루지 못했다. 아라비카와 교배 실험을 반복해도 수확이 늘지 않고, 가장 중요한 요인인 맛이 없었기 때문이다. 그러나 절멸했다고 알려졌던 품종을 발견해 지역 정부에 건네고 종자 보존에 성공한 것은, 커피맨으로서 뿌듯한 성과였다.

그리고 또 다른 부산물이 있다. 프랑스인 연구자들이 남긴 오랜 자료에서 그들이 연구하고 있던 3품종 교배종 GCA 존재를 알게 된 것이다. 수확량이 많은 카네포라종 로부스타를 만들어 낼 목적이었던 것 같다. 자료에 따르면 GCA 카페인 함유량은 0.8%까지 떨어졌다. 통상 아라비카는 1.2%이며 로부스타종은 1.8~2.4%이다.

GCA는 유게니오이데스eugenioides와 카네포라canephora와 아라비카Arabica의 교배종이다. 참고로 유게니오이데스에는 카페인이 없는데, 그 이유를 해명한 사람은 오차노미즈여자대학의 도하라 히로시 박사다. 나중에 하와이에서 처음 만난 후 도쿄의 연구실에도 초대를 받았는데, 흥미로운 이야기를 많이 들었다. 나는 GCA의 가능성을 알아보기 위해 마다가스카르 정부에 의뢰, 정부연구기관 FOFIFA과 함께 이 실험을 계속했다.

프로젝트를 개시하고 몇 년 후, DNA 검사결과 '아라비카종은 유게니오이데스와 카네포라에서 태어났다'는 학술발표를 접하고 매우 놀랐다. 우리는 딱 이 3종을 사용해 맛있는 저카페인 품질개량을 시도하고 있었다. 카페인 함유량이 0.28%까지 떨어졌을 무렵, 나는 회사를 그만두고 독립하면서 이 실험에서 빠지게 되었다.

마다가스카르 고지대에는 아시아계 메리나족이 많고, 연안부에는 아프리카계 사람들이 살고 있다. 주식은 쌀이다. 일본인의 2배 이상인 1인당 연간 120kg를 먹는다고 알려져 있으며 매일 세 끼, 쌀이 나온다. 과거 식민 지배국인 프랑스 문화와 마다가스카르 문화가 융합한 '크레올 문화'가 있어서, 식사도 독특하고 매우 맛있다. 또 길거리에서 팔고 있

두 종류의 주지를 겹치듯 접목해 삽목을 만드는 크래프트 커팅(좌). 도쿄대 농대에서 배운 알렉시스 씨의 집에는 농대의 '진화생물학연구소 마다가스카르분실'이 있었다(우).

는 바게트도 맛있었다.

어느 날 귀국편 기내에서 옆에 앉았던 인도네시아인과 이야기를 했는데, 자신은 '슬라웨시섬 출신으로 일본의 JICA에 근무하는 벼농사 전문가'라고 소개해서 놀랐다. 게다가 '슬라웨시 섬 북부 언어는 마다가스카르어와 닮아서 JICA 지도로 벼농사 전문가가 된 슬라웨시의 인도네시아인이 '남남협력'으로 마다가스카르에서 지도 중'이라고 말했다.

또 FOFIFA와 공동연구 계약 체결을 위해 하와이 변호사와 함께 마다가스카르에 간 일도 있었다. 하와이계인 그 변호사가 "실은 그곳 언어가 하와이어와도 닮아서, 마다가스카르인들의 말은 나도 30% 정도는 이해할 수 있죠."라고 해서

다시 한번 놀란 기억이 있다. 태평양 주는 생각보다 긴밀하게 연결되어 있음을 확신하게 된 계기이기도 했다.

독립한 이후 나는 JETRO에서 마다가스카르 지원 프로젝트 입안을 의뢰받았다. 이에 따라 마다가스카르에 조금 남아있는 콘스타(콘젠시스종과 로부스타종의 교배종)를 사용하는 연안부 경제지원계획을 만들었다.

지상 최후의 비경이라 불리는 마다가스카르지만, 산간부의 삼림 벌채가 매우 심각해 비가 오면 표토가 흘러내려 강으로 퇴적되고 사이클론과 호우에 흙이 하구로 흘러든다. 그것이 해안과 만나 제방처럼 가늘고 긴 섬을 만들어 버리는 것이다. 비행기로 상공에서 내려다보면 훌륭한 해안으로 보이지만, 사이클론이 발생할 때마다 연안부에서는 홍수가 일어나고 물이 빠져나가기 어려운 상태가 되었다. 그래서 관수에 강한 콘스타를 빈곤한 연안부에 심어 경제적으로 지원하는 프로젝트를 추진한 것이다.

동해안 남부에서 기숙제 학교를 운영하는 수도원 원장이 이 프로젝트에 관심을 보였다. 이 지역에는 학교가 따로 없고, 기숙사에서 공부하는 아이들이 많았다. 그들은 수업 후 목공과 농업 직업훈련도 받았다. 장차 마을로 돌아가서 자활할 수 있게 돕는 차원이었다.

그러나 이런 개발프로젝트는 JETRO가 잘하는 분야가 아니었다. 그들의 전문 분야는 수출입과 시장 개척. 나는 도상국 개발이 전문인 JICAD와 JETRO가 이 프로젝트를 진행할 수 있도록 양쪽에 제안을 해두었다. 그러나 도쿄에서 제1회 회의를 개최한 직후인 2009년 3월, 군의 지지를 등에 업은 반정부세력이 대통령을 사임시키고 임시정부를 세워버렸다. 일본 정부는 임시정부를 인정하지 않았으므로, 콘스타 프로젝트도 그대로 사라지고 말았다.

프로젝트에 큰 기대를 하던 수도원장의 얼굴이 떠오를 때면 안타까운 마음이 든다. 언젠가 프로젝트가 재개되어, 콘스타로 마을을 풍요롭게 할 수 있는 날이 오기를 기대한다.

마다가스카르 특유의 통 안에 융 필터가 들어있는 드리퍼로 추출. 커피 추출에 일상적으로 사용된다.

부활한 환상의 부르봉 포완투로 알려진
레위니옹섬

Department of Reunion, French Republic
프랑스공화국, 레위니옹현

DATA

수도	생드니
면적	2512km²
인구	86만 명(2020년)
언어	프랑스어, 크리올어
민족	프랑스와 복수의 피가 섞인 크리올이 64%, 인도계28%, 그 외 유럽인과 중국인
종교	가톨릭
주요산업	설탕, 제라늄, 바닐라, 럼주
통화	유로

레위니옹섬

커피 관련 정보

주요산지	서부, 남부 산악지대
총생산량	N/A
생산국랭킹	랭킹 외

> **One Point**
>
> 부르봉의 돌연변이종인 부르봉 포완투 발견과 부활로 필자의 24년에 걸친 꿈을 실현. 섬의 커피산업을 되살리는 데 성공했다.

엘살바도르 연구소에서 품종 강의를 들을 때 '부르봉종이 부르봉섬에서 태어난 티피카에서 돌연변이된 종'이며, 거기서 '부르봉 포완투'가 생겨났다는 이야기를 처음 접했다. 품질도 좋고 티피카에 비해 수확량이 많았던 부르봉종이 세계로 확산한 것, 그리고 이 섬의 커피산업이 소멸해 고품질이지만 알이 작아 생산성이 떨어지는 부르봉 포완투도 어느샌가 절멸해 버렸다는 사실은 그 이후에 알았다.

그날부터 나는 '언젠가 이 섬에서 환상의 부르봉 포완투를 찾아 나서고 싶다'는 꿈을 꾸었다. 꿈이 이루어진 것은 24년 후인 1999년 8월이었다.

부르봉섬은 레위니옹섬으로 이름이 바뀌었고, 프랑스 식민지에서 해외의 현이 되어있었다. 프랑스 본국과 마다가스카르계가 인종적·문화적으로 섞여 독

아프리카·중동 | Africa·Middle East

부르봉 포왼투 부활 프로젝트는 자원봉사 농가 사람들의 협력으로 시작되었다. 시행착오의 연속이었지만, 무사히 수확할 수 있게 되었다.

자적인 크레올 문화를 가진 섬이었다. 도착 후 곧바로 부르봉 포왼투 탐색을 시작했지만, 대다수 주민은 섬에 커피산업이 있었다는 사실조차 알지 못했다. 매일 차로 섬 전체를 돌았지만 실마리조차 찾지 못하는 날들이 이어졌다.

언제까지 체류할지 모르는 상황에서 마지막으로 현청 농업국의 국장을 만나러 갔다. 이후 전개된 이야기를 여기서 다 소개할 수는 없으니, 내 책 《커피헌터, 환상의 부르봉 포왼투 부활》(헤이본샤)을 읽어주면 좋겠다.

그건 그렇고, 이후 진행된 조사에서는 다양한 사실들이 새롭게 드러났다. 이 섬에는 마다가스카르에서 전해진 마스카로코페아아속 모리티아나종과 프랑스 동인도회사가 예멘에서 가져온 에티오피아 원산 부르봉 론도(둥근), 거기서 태어난 부르봉 포왼투(뾰족한)가 있었다.

부르봉 포완투 콩. '뾰족한'이라는 이름 그대로 특징적인 형상을 하고 있다(좌, 상). 마대자루를 구할 수 없어서 급한 대로 쌀 봉투에 넣은 뒤 파리를 경유해 일본으로 보냈다(좌, 하). 첫 출하를 기념한 세레머니에서 지사에게 감사축사를 받고 감격했다(우).

DNA 분석기술 발달에 따라 식물 분류학은 크게 진보했다. 분석 결과 부르봉이 티피카에서 태어난 돌연변이종이라는 기존의 설은 뒤집혔고, 에티오피아 원산 원종인 것으로 판명되었다.

이 같은 일은 많다. 오래된 커피 책에서 모카는 아라비카와 다른 그룹으로 분류된다. 나무와 잎의 형상 및 크기가 아라비카와는 확연히 다르니 그런 결과가 나왔을 터이다. 섬에 커피가 소개되던 때, 프랑스인은 그 묘목을 티피카라 믿고 심었을 것이다. 그런데 성장한 잎의 색과 형상이 다르니 돌연변이설이 생겨났을 가능성이 있다.

레위니옹섬에서는 18세기 전반 커피 재배가 본격화해 화폐 대용으로 쓰일 만큼 커피 가치가 높아지고, 세계 유수 산지로 발돋움했다. 그러나 같은 프랑스 식민지인 카리브해의 아이티에서 재배가 시작된 후 재배면적과 본국까지의 거리 차이로 인해 레위니옹섬은 경쟁에서 밀려났다. 수에즈운하가 생기기 전의 이야기다. 레위니옹섬에서는 아프리카 남단 희망봉을 돌아가야만 했는데, 아이티는 대서양을 횡단하면 그만이었다. 자주 발생하는 사이클론 피해와 19세기 중반 노예제도 폐지로 노동력이 줄어들며 커피산업은 쇠퇴해갔다. 부르봉 론도는 해외에 소개돼 살아남았지만, 질보다 양을 추구한 당시 시장에서 부르봉 포완투는 관심 밖 존재가 되어 사라진 것이다.

2001년부터 본격적으로 부르봉 포완투 개발프로젝트가 시작되었다. 숲속에 살아남았을 것이라고 짐작되는 커피나무 중 문헌을 토대로 유사한 나무를 선

아프리카·중동 ✈ Africa·Middle East

평지가 적고 고도 3,000m 내외의 아름답고 험준한 산들이 이어지는 레위니옹섬. 이런 절경들 덕에 산악관광으로도 유명하다(상). 부르봉 포왕투 나무는 크리스마스 트리 같은 형상이 특징이다(하).

한 약 350개 농가 중 고도 등 자연환경이 적합하고 농업 경험이 있는 105개 농가를 선발해 묘목을 공급한 뒤 재배를 의뢰했다.

당시 하와이섬 코나에 살고 있던 나는 다섯 번이나 비행기를 갈아타고, 매년 2~3회 이 섬을 오갔다. 자원봉사 농가를 중심으로 설립된 부르봉커피생산자조합 사람들과 교류는 지금도 잊을 수 없는 추억이 되었다.

2007년 2월, 이 섬의 커피 수출이 부활했다. 준비를 위해 연초에 섬에 들어간 나는 농가 단위로 집하한 커피를 대상으로 조합 멤버들과 함께 관능평가를 반복한 뒤 고품질 커피 200kg을 선별했다. 그때 처음으로 이 섬에는 콩을 넣는 마대자루가 없다는 사실을 알았다. 시일이 촉박했으므로 천으로 된 쌀 봉투에 인쇄한 뒤 생두를 넣고, 그것을 박스로 포장해 비행기로 운반했다.

출하기념 세레머니는 성대하게 치러졌다. 지사와 현청 관계자, 조합원들, 지역 미디어가 대거 모였다. 행사에서 현 지사가 '무슈 부르봉'이라고 나를 불렀을 때는 감격했다. 커피맨으로서 이렇게 훌륭한 일을 할 수 있도록 기회를 주신 신에게 감사했다.

발한 뒤, 거기서 채취한 종자로 5만 개 묘목을 만들었다. 그 묘목 중에서 형상이 다른 묘목을 제외하고 순정종을 선별해나가는 작업을 계속했다.

미지의 품종이었기 때문에 적합한 환경도, 재배방법도 알지 못했다. 따라서 농업이 성행하던 섬의 중앙 서쪽을 북부, 중부, 남부로 나누어 모두 6개 장소에서 시험재배를 했다. 자원봉사를 자청

53

유명한 모카커피 이름의 유래가 된 모카항의 현재

예멘

Republic of Yemen

예멘공화국

DATA
- 수도: 사누아
- 면적: 55.5만㎢
- 인구: 2,983만 명(2020년, UN)
- 언어: 아라비아어
- 민족: 아랍인 등
- 종교: 이슬람교(수니파, 자이드파(시아파의 일파))
- 주요산업: 석유, 천연가스, 농업, 어업
- 통화: 예멘 리알

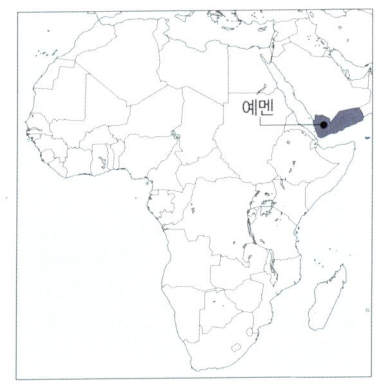

커피 관련 정보
- 주요산지: 마타리, 바니마타리, 하우란, 샤키, 사나아
- 총생산량: 9만 1,000bag(2019~2020년)
- 생산국랭킹: 35위

> **! One Point**
> 오랜 기간 정세가 불안해 갈 수 없는 상태이지만, 세계 최고 고도 산지라 할 수 있는 마타리의 모카마타리는 커피사에 있어 가장 흥미로운 커피이다.

내가 처음 예멘을 방문하고 수개월이 지난 2000년 10월, 아덴항에 정박하던 미국해군 구축함이 자폭테러를 당해 많은 미군이 사상하는 사고가 발생했다. 이후 미국과 관계가 악화해 지금은 예멘 입국 이력이 있으면 미국 방문조차 까다로워졌다. 패권분쟁으로 예멘 치안마저 불안한 탓에 언제 다시 방문할 수 있을지 예측조차 할 수 없다.

그러나 예멘 방문은 잊을 수 없는 여행이었다. 유명한 모카커피 중 하나인 모카마타리 원류를 내 눈으로 보는 것이 목적이었다.

내가 방문한 시기가 이슬람 단식월인 라마단과 겹쳐 '체류 중에 아무것도 할 수 없다'는 충고를 받았다. 하지만 잘못된 정보였고, 미팅도 해가 진 후에는 통상적으로 이루어졌다. 지역 정보를 얻

아프리카·중동　Africa·Middle East

오른쪽부터 네 번째가 마타리 씨. 오른쪽 끝의 아들과 함께 마타리 마을에 데려가 주었다. 마을 사람들도 친절하게 밭과 마을을 안내해주었던, 꿈 같은 여행이었다.

으려고 수출회사에 연락했는데, 담당자와 만나기로 한 시간이 새벽 1시였다. 마을은 심야에도 활기가 넘쳤고, 아이들도 도로에서 축구를 하고 있었다.

사장실에서 대접받은 것은 커피 과육을 건조해 추출한 '기실'이었다. 커피 향과는 다른, 달고 산미가 있는 허브티 같은 음료였다. 예멘인들은 기실을 즐겨 마시며, 기실 외의 커피를 마셔본 적이 없는 사람도 있다고 했다. 수출회사 인근에 있는 커피집에 들어가니, 기실과 로스팅 커피를 쌓아두고 판매했다. 당시 현지에서 찾았던 1993년 가격이 56쪽의 표이다. 우선 예멘산이 에티오피아산보다 생두, 기실 둘 다 비싸다는 것을 알 수 있다. 또 예멘산이어도 생두와 원두, 기실 모두 가격이 달랐다.

55

1993년 커피 가격(사누아 시내 커피점)

	공정 소비자가격	암시장 환산
예멘 바니마타리 생두	300리알 (25달러)/kg	6.3달러/kg
예멘 바니마타리 원두	380리알 (31달러)/kg	8.09달러/kg
예멘 바니마타리 기실	330리알 (27.5달러)/kg	7.02달러/kg
브라질, 에티오피아(생두)	120리알 (10달러)/kg	2.55달러/kg
에티오피아(기실)	220리알 (18.3달러)/kg	4.68달러/kg

기실을 마시는 법은 같은 예멘인끼리도 다 달랐다. 저소득자는 절약을 위해 로스팅해서 잘게 분쇄한 뒤 커피처럼 걸러서 마셨고, 고소득자는 로스팅하지 않고 잘게 분쇄한 뒤 끓여서 우려낸다. 그쪽이 맛도 향도 각별하게 좋기 때문이다.

그 수출회사 사장이 '모카마타리의 원류를 알고 싶으면 좋은 사람을 소개해 주겠다'며 연결해 준 사람이 바로 마타리 씨이다. 그렇게 만난 마타리 씨가 나를 마타리 마을에 데려다주게 된다. 마치 마법의 램프를 문질러서 일어나는 기적 같은 전개였다. 이후 예멘 체류 중에는 줄곧 마타리 씨의 신세를 졌다.

날이 저물면, 수도 사누아의 마타리 씨 자택에서 풍성한 저녁을 먹었다. 해가 있는 시간에는 '침도 삼키면 안 된다'고 할 정도로 엄격한 단식이 행해지지만, 해가 저물면 술 이외 모든 음료가 허용된다. 열 살가량인 아들을 소개해 주어서 매일 밤 함께 저녁을 먹었는데, 아내와 딸은 끝내 만나지 못했다. 역시 예멘은 계율이 엄격한 이슬람 국가였다.

마타리 씨는 사누아에서 차로 3시간을 달려 산악지대에 있는, 자신의 아버지가 촌장인 마타리 마을로 나를 데려갔다. 그곳은 해발 2,500m인 건조한 대지

사누아 마을 안에서 발견한 가게. 가게도 로스터 기사도 독특한 분위기가 있었다.

아프리카·중동　Africa·Middle East

품종과 브랜드명의 유래가 되었던, 커피를 실어 보내던 항구 모카. 지금은 사막화해서 마을 절반이 모래에 덮였다. 항구에도 모래가 쌓여 작은 배만 드나들 뿐 한적했다(좌. 우, 하). 가는 곳마다 사람들의 환영을 받았지만, 엄격한 이슬람교 국가라 작은 아이들 외에 어른 여성은 한 번도 만나지 못했다(우, 상).

였다. 각 농가 뒤뜰에는 수백 그루 커피나무가 자라고, 나무 사이에 관계용으로 파놓은 골이 있었다. 내가 그때까지 경험한 산지 중 가장 높은 고도에 심긴 커피나무였다.

여기서 수확한 커피는 과육이 붙어있는 상태로 건조한 후 방아로 찧어 탈각한다. 그것을 농민이 시장에 들고 나가, 자신이 갖고 싶은 물건과 바꾸는 물물교환형 매매로 유통되고 있었다.

사누아도 해발 2,300m의 고지에 있어 쌀쌀했다. 예멘의 남성은 모두 얼핏 원피스처럼 보이는 하얀 상하 의복을 입고, 배에는 초승달 같은 검을 차고, 머리에는 터번을 두르고 있다. 나도 추위 대책으로 터번을 사서 머리에 둘렀는데, 따뜻하고 마음에 들어서 이후에도 계속 두르고 다녔다. 너무나 편안했기 때문에 귀국길에 영국 히스로공항까지 두르고 갔다가 입국심사에서 이상한 눈초리로 보는 담당자로부터 조사를 받는 불상사를 겪었다. 그때 사용하던 캐시미어 터번은 지금도 소중하게 간직하고 있다.

그때 예멘 커피의 출하항구로 유명했던 모카도 방문했다. 모카커피라는 이름의 유래가 된 항구다. 하지만 지금은 사막화해 마을이 모래로 덮이고, 항구로 기능하기도 어려운 지경이었다. 모카항이 이렇듯 황폐해졌다는 사실이 커피맨으로서 슬프기 짝이 없었다.

그렇지만 예멘에서 체류한 날들은 꿈같은 시간이었다. 만약 죽기 전 딱 한 곳의 커피 산지에 보내준다고 신이 말한다면, 나는 망설임 없이 예멘 마타리 마을을 고를 것이다.

> Part 1
> 세계의
> 커피산지

커피헌터와 함께하는
세계 커피산지 여행

아시아·태평양 ·북미편

태국, 베트남, 라오스, 미얀마, 중국, 인도네시아, 동티모르, 하와이, 캘리포니아, 멕시코

커피 재배 역사가 긴 인도네시아와 세계 2위 생산량을 자랑하는 베트남, 코나커피로 유명한 하와이, 최근 양질의 커피를 생산하기 시작한 태국 등 각국 각지에서 매력적인 커피를 만들어내는 곳이 바로 이 지역이다

왕실 재단 주도로 아편 재배에서 커피 재배의 길로

태국

Kingdom of Thailand
타이왕국 🇹🇭

DATA

수도	방콕
면적	51.4만㎢
인구	7,188만 5,700명(2024년, UN)
언어	태국어
민족	대다수가 태국족, 그 외 화교, 말레이족 등
종교	불교(94%), 이슬람교(5%)
주요산업	관광업, 제조업, 농업
통화	바트

커피 관련 정보

주요산지	북부 치앙마이, 치앙라이(아라비카종), 남부 추무폰, 슬라타니(로부스타종)
총생산량	51만 7,000bag(2019~2020년)
생산국랭킹	22위

> **❶ One Point**
> 북부 산악지대에서 재배되는 도이뚱 커피는 태국왕실 재단에 의한 프로젝트의 결실. 빈곤 지역이 아편 재배에서 탈피할 수 있었다는 점에서도 주목할 가치가 있다.

1900년대 초반, 태국 남부에서 이슬람교도가 로부스타종을 심은 것이 태국 커피의 시작이라고 알려져 있다. 그 후 1950년대에 아라비카종이 소개돼 치앙라이 등 북부 산악지대에서 재배하기 시작했다.

1972년 당시 푸미폰 국왕의 어머니인 스린나가린드라 왕태후가 설립한, 빈곤에 허덕이는 사람들의 생활향상을 지원하는 NGO '왕실매파루앙재단'이 1988년 태국 북부에서 도이뚱개발프로젝트를 개시한 후, 본격적인 커피 재배가 뿌리내렸다. 태국, 미얀마, 라오스 국경지대인 이곳은 과거 골든트라이앵글이라고 불리며, 오랜 시간 세계의 아편 공급기지가 되어 왔다.

본래 여러 소수민족이 이곳에 살았지만, 어느 나라에서도 국적을 받지 못한 채 교육과 의료 혜택에서 소외돼 있었

아시아·태평양·북미　Asia·PacificOcean·North America

아카족의 파히 마을은 오래 전 마을 전체가 아편 재배를 하고 있었다. 그러나 지금은 커피마을로 유명해졌다.

다. 빈곤한 그들이 통증 완화제로 아편을 사용하는 것에 눈을 돌린 세력이 소수민족 마을에 양귀비를 재배시켜 전 세계로 수출, 막대한 이익을 챙긴 것이다.

아편 재배를 통해 소수민족 사람들의 삶이 나아진 것은 결코 아니다. 그들의 건강상 피해는 물론 화전농업으로 양귀비 재배를 확산한 결과, 일대에 심각한 삼림파괴를 초래했다.

고질적인 이 문제를 해결하기 위해 만들어진 것이 도이퉁개발프로젝트다. 소수민족 남성을 고용해 식수사업부터 시작한 뒤 그 나무들 사이에 마카다미아너트와 커피를 심었다. 여성의 일자리 창출을 위해서는 섬유·제지·도예공장을 건설했다. 그리고 도이퉁산 정상에는 매파루앙가든과 박물관, 호텔을 건설해 관광지로 변모시켰다.

아름다운 매파루앙가든(좌, 상). 파히 마을 농가에서는 집의 일부를 건조장으로 쓴다(우, 상). 국경경비대 기지에서는 미얀마가 보인다(좌, 하). 재단에서 관리하는 묘상(우, 하).

여기에도 많은 소수민족이 고용되었다. 현재 숲은 완전히 부활했고, 아편 재배도 중단되었다. 태국에서 가장 위험하다고 알려졌던 치앙라이에 평화가 찾아왔다. 그렇게 모든 프로젝트가 잘 진행되었으나, 커피 재배만큼은 생각대로 진행되지 않았던 것 같다. 그래서 2014년, 재단으로부터 '어드바이저를 맡아달라'는 의뢰를 받았다.

도이퉁 지역을 방문해 설명을 듣고, 푸미폰 전 국왕과 스린나가린드라 왕태후, 그리고 왕태후의 비서관이자 재단 이사장을 오랫동안 역임한 딧사쿵 씨를 만나 현황을 전해 들었다. 나아가 현재 이사장인 딧사쿵 씨의 아들 디스바낫다 딧사쿵이 보여준 열정에 감동한 나는, 이런 훌륭한 도전에 합류하게 된 것 자체가 커피맨으로서 명예롭다

아시아·태평양·북미 ✕ Asia·PacificOcean·North America

경사면 지역에서 테라스식 재배법을 습득. 또 안정적인 종자 수배가 어려운 실정이라 삽목으로 묘목을 만든다. 여기서 배운 것을 기술지도원이 소수민족 마을 사람들에게 전달해 준다(좌). 고도 900~1,300m에 다섯 군데 시험구를 만들어, 재배종 적합시험을 실시하고 있다. 활착율(생육의 좋음 비율)과 성장 속도, 수세, 수확량 데이터를 축적하고, 품질검사도 한다. 이 결과를 바탕으로, 각각의 환경에 적합한 품종을 재배한다(우).

는 생각을 했다.

아편 재배는 지금은 완전히 소멸했지만, 프로젝트 초기에는 많은 위험이 도사리고 있었다. 아편으로 오랫동안 거액을 벌어들인 자들의 눈에는, 프로젝트에 관여하는 사람들이 눈엣가시였을 테니 당연하다. 푸미폰 국왕은 스스로 이 지역을 방문해 소수민족 사람들을 직접 만났다고 한다. 그리고 아편 재배를 해온 그들을 한 번도 책망하지 않은 채, 함께 생활향상을 꾀하자는 믿음 어린 태도로 많은 제안을 했다.

도이퉁은 호주의 전문가가 들어와 지도한 마카다미아 너트가 매우 유명하다. 그런데 커피가 생각만큼 잘되지 않았던 것은, 최초 어드바이저가 지역에 맞게 지도하지 않은 이유가 컸다.

지역민들이 '산속의 세븐일레븐' 이라고 부르는, 정기적으로 오는 이동판매 바이크. 불편한 산간부에서 큰 도움이 된다(좌). 시험구역 묘판에서 종자 심기(우).

도이퉁프로젝트의 커피기술지도원은 각 소수민족에서 태국어를 할 수 있는 젊은이들을 채용하고 있다. 나는 태국어를 할 수 없어서, 영어를 하는 재단 직원이 태국어로 그들에게 통역해 주고, 나에게 습득한 기술을 각 마을에서 그들의 언어로 농민에게 보급해 나가는 방식을 취했다. 이 과정이 처음부터 순조롭게 이루어진 것만은 아니다. '커피를 생산하지도 않는 일본에서 온 놈에게, 왜 배워야 하는지 모르겠다'라는 반발도 있었다. 다만 어느 나라에 갔을 때든 유사한 반응을 접해온 나는 크게 개의치 않았다. 먼저 묘목을 만들고, 그다음으로 급경사면에서도 작업효율이 좋은 테라스 밭 만들기를 지도했다.

그 무렵에는 3개월에 한 번 태국을 방문, 매회 10일 정도 체류했다. 그렇게 반년쯤 지나니 묘목이 제법 자라고 품질 차이가 뚜렷하게 나타나기 시작했다. 처음에는 무엇을 하는지 알지 못했던 테라스 조성 역시 형태를 갖춰가자 그들도 이해하며 나를 인정하기 시작했다.

태국은 해외에서 온 커피에는 90% 이상의 수입 관세를 부과하기 때문에 국내 커피산업은 잘 지켜지고 있다. 이전에는 높은 관세를 내면서도 품질 좋은 수입품을 사용하는 로스터리 카페가 많았다. 그러나 최근에는 태국산 품질이 향상돼 태국 커피 전문점까지 생겨났다. 방문할 때마다 새로운 카페가 문을 열고 있다.

재단은 2018년부터 라오스 국경 난현 프로젝트도 시작했다. 이 지역은 아편이 아니라 화전농업에서 탈피하는 게 목표다. 매년 3~4월 태국 전역에 걸쳐 화전

아시아·태평양·북미 ✕ Asia·PacificOcean·North America

아카족의 민족의상을 입은 여자아이 (좌). 골든트라이앵글이라고 불리는, 메콩강의 태국과 미얀마와 라오스의 국경 지점. 예전에는 이 일대가 아편 재배로 악명 높았다(우, 상). 이 지역에는 6개 소수민족이 살고 있다(우, 하).

이 행해지면, 심각한 연기피해가 발생한다. 또 화전으로 인해 표토가 비에 쓸려 내려가 침식도 일어난다.

이 지역 소수민족 사람들은 하이랜드 라이스와 옥수수를 심고 있다. 숲을 벌채해 밭을 만들어 재배하고 있는데, 비료도 주지 않기 때문에 수확이 끝나면 토양은 완전히 말라버린다. 따라서 이듬해에는 인접한 숲의 나무를 베어 밭을 만든다. 그것을 7년 정도 반복하면 최초의 밭에 많은 풀이 자라고, 화전민들은 그곳으로 돌아와 밭을 일군다. 똑같은 상황이 반복되는 것이다. 이런 농법을 '이동경작 shifting cultivation'이라 부른다.

난현 프로젝트에서는 각 농가의 연 수입을 급여로 보장하고, 그들과 함께 커피 밭으로 전환해 비료 재배법을 지도해 나간다. 그리고 5년 후에는 커피 농가로서 자립할 수 있게 돕는다는 계획이다.

세계 제2의 생산국에서는 로부스타가 메인 재배종

베트남

Socialist Republic of Viet Nam
베트남사회주의공화국

DATA

수도	하노이
면적	32만 9,241km²
인구	9,949만 7,680명(2024년, UN)
언어	베트남어
민족	킨족(약86%) 그 외 53개 소수민족
종교	불교, 가톨릭, 카오다이교 등
주요산업	농림수산업, 광공업, 건축업, 서비스업
통화	베트남 동

커피 관련 정보

주요산지	부온마투옷, 달랏, 다크라크성, 럼동성, 타쿠농성 일대
총생산량	3,048만 7,000bag(2019~2020년)
생산국랭킹	2위

! One Point
세계 2위 생산량을 자랑하며, 콘덴스밀크를 넣은 베트남커피를 즐겨 마시는 나라지만, 재배는 인스턴트와 블렌드에 이용되는 로부스타종이 대부분이다.

1990년대에 들어서면서 본격적으로 커피 재배를 시작한 베트남은, 다른 나라들이 주춤하는 사이 콜롬비아를 제치고 세계 2위 커피 생산국으로 도약했다.

이 약진을 탐탁잖게 생각했던 사람들도 많았던 모양이다. 내가 하와이에 주재하던 2002년경에는 베트남 커피 불매 운동을 하는 워싱턴 DC의 조직으로부터 전화가 걸려왔다. 말인 즉, '베트남이 무계획적으로 대량 생산을 한 탓에 수급 균형이 무너져 국제시세가 폭락했다. 공산주의 국가에서 노동자와 생산자의 인권도 무시한 채 저가 커피를 만들고 있다'는 것이었다.

그러니 이런 커피를 사면 안 된다, 우리의 활동에 찬동하지 않으면 베트남 커피를 구입하는 회사로 일본 본사를 리스트에 올려 발표하겠다는 협박이었다.

아시아·태평양·북미　　Asia·PacificOcean·North America

베트남 중부 고원. 부온마투옷 근교의 전원풍경(상). 각 농가를 위해 저수지에서부터 용수로가 깔리고 그 용수로에 물고기를 잡기 위한 그물이 설치돼 있었다. 이런 모습을 포함. 베트남 사람들의 합리성을 느끼게 하는 일이 참 많았다(좌, 하). 낚시하는 아이들을 보면서 이 나라가 평화로워졌다는 것을 실감했다(우, 하).

　국제시장 가격이 폭락해 '커피 비극' 사태가 초래된 것은 베트남의 증산 때문이 아니었다. 그건, 1990년대 후반 펀드가 커피 시장에 개입해 이익을 얻고 사라진, '먹튀'의 반동 탓이었다. 그러므로 나는 그들의 협박에 동조하지 않았다. 무엇보다 국토가 작은 베트남이 어떻게 단기간에 커피 대국이 될 수 있었는지가 신기하고, 그쪽에 훨씬 흥미가 생겼다.

　베트남은 로부스타종을 주로 생산하는 나라다. 베트남의 5배 면적인 인도네시아를 제치고, 로부스타종으로서는 세계 1위 산지가 되었다. 현재는 인도네시아의 3배 가까운 생산량을 자랑하고 있다. 어떻게 그렇게까지 단위 생산성이 높을까. 그것을 조사하러 2006년에 베트남을 방문했다.

　아라비카종은 같은 나무 사이에서 수

접목용 주지를 생산하는 밭. 같은 그루에서 태어난 로부스타종이 2열씩 재배되고 있다. 이런 밭은 다른 곳에서는 한 번도 본 적이 없다(상). 정연하게 구획정리된 밭고랑에 용수로가 흐르고 있다(좌, 하). 서고지농림과학기술연구소의 여성 연구자들. 친절하게 시설과 밭을 안내해주었다(우, 하)

분이 가능한, 즉 '자가수분'이다. 봉우리가 피기 전에 이미 96% 정도가 수분을 완료한다. 그러나 로부스타는 타가수분. 꽃이 피면 다른 나무에서 날아온 꽃가루로 수분이 되지만, 같은 나무의 것으로는 불가능하다. 그러니까 두 그루 이상의 나무로 만든 싹을 사용해 밭을 일구지 않으면 생산성은 높아지지 않는다.

베트남 중앙 고지대에 있는 서고지농림과학기술연구소WASI를 방문해 종의 관리와 재배기술 관련 설명을 들었다. 거기서 고수확의 이유를 알게 되었고 이를 실행하는 농민들에게도 놀라움을 금할 수 없었다.

나무가 다른 7개 타입의 로부스타가 정연하게 구획에 맞추어 심겨 있었던 것이다. 그것도 전정(가지치기)한 낮은 나무들로, 줄기가 많이 나온 상태의 신기한

아시아·태평양·북미 ✈ Asia·PacificOcean·North America

멋지게 열매가 열린 로부스타 나무. 연구소 시험구 나무로, 비료도 전정도 완벽하게 되었다. 농가의 밭도 기술지도가 잘 돼 있었고, 생산성이 매우 높았다(상). 로부스타종 특유의 냄새를 없애기 위한 '그린커피 워싱 머신'. 수출 전 생두를 이 기계로 세척한다(좌, 하). 고지의 피서지 달랏 중심가. 이곳은 아라비카종 재배에 적합한 기후다(우, 하).

광경이었다. 거기에서 잘라낸 가지를 농민들이 구입해 자기 밭의 나무에 접목하는 것이다.

복수의 줄기를 접목하면 한 그루 나무에서 수분량이 당연히 증가한다. 확실히 머리가 좋은 사람들이었다. 농민 개개인에게 접목 기술을 지도해 거의 모든 재배자가 직접 접목하는 것에도 놀랐다. 이렇게 하면 자연에만 맡기는 인도네시아가 절대로 따라올 수 없었다.

내가 방문했을 시점에 베트남 커피 비율은 95%가 로부스타였고, 나머지가 아라비카와 소량의 엑셀사였다. 엑셀사는 드웨브리종에 속하는 품종이다. 정부는 부가가치가 높은 아라비카종 증산을 기대했지만, 농민들은 병충해에 강하고 재배에 익숙한 로부스타를 버릴 생각을 하지 않았다. 이러한 현상은 앞으로도 이어질 것으로 보인다.

커피헌터와 함께하는 세계 커피산지 여행

동남아시아 유일의 평온한 나라에서도 커피 재배가 시작되었다
라오스
Lao People's Democratic Republic
라오스민주주의공화국

DATA

수도	비엔티안
면적	24만㎢
인구	773만 6,680명(2024년, UN)
언어	라오스어
민족	라오족(전 인구의 약 절반 이상)을 포함한 50개 민족
종교	불교
주요산업	서비스, 공업, 농업
통화	키부

커피 관련 정보

주요산지	루앙바반, 라돔사이, 사라완, 앗타부, 참바삭 등
총생산량	62만 2,000bag(2019~2020년)
생산국랭킹	20위

> **One Point**
> 메콩강 유역 산기슭의 농업국은 사람들이 따뜻하고 온화하다. 발전은 이제부터. 태국과 베트남 자본에 의한 대규모 농업이 개발되고 있다.

하와이 시절 친하게 지내던 모로카이섬의 커피 플랜테이션 총지배인이, 내가 일본으로 귀국한 후 헤드헌팅을 통해 라오스 농원개발 담당자로 부임했다는 연락을 받았다. 그것이 계기가 되어 라오스 커피에 흥미를 갖게 되었다.

2013년 12월, 태국에서 일을 마친 후 작은 배를 타고 메콩강을 건너 라오스로 입국했다. 폭이 성인 한 명 몸통만큼 가늘고 긴 배가 위태롭게 흔들리며 출항했다. 건기로 메콩강 수위가 낮아서 배를 타기는 했지만, 우기라면 반드시 육로나 항공로를 이용해야 한다.

메콩강을 통한 월경은 출국도 입국도, 이것이 진짜 정규 루트인가 의심스러울 정도로 간단했다. 사전 조사를 통해 태국과 베트남 등 외국 자본이 들어와 대농원 개발이 시작되고 있다는 말을 들었

아시아·태평양·북미 ✈ Asia·PacifficOcean·North America

수도 비엔티안 풍경(좌). 소농가 방문. 중국 국경 근처에 사는 친척에게 종자를 받아서 커피 재배를 시작했다고 한다. 중국의 커피 산지 윈난성과 라오스는 국경을 맞대고 있다(중, 상하). 태국과 라오스 국경을 흐르는 메콩강. 태국쪽으로 지는 석양이 아름다웠다. 건기이기 때문에 강의 흐름도 온화하다(우).

지만, 그것에는 별 관심이 없었다. 나는 농림성의 지방사무소를 방문해 소농가 정보를 모았다. 농림성에서 소개해 준 마을을 방문했으나 너무 소규모라, 그들이 정말로 커피 재배로 수입을 얻는 건지 믿기지 않을 정도였다.

그래서 수도 비엔티안으로 이동해 조금 더 큰 농가를 찾았다. 그곳은 한 나라의 수도라고 믿을 수 없을 만큼 느긋한 마을이었다. 마침 마다가스카르 시절 알게 된 일본대사관 의무관이 이곳에서 근무 중이라 나를 저녁 식사에 초대했다. 구 프랑스령답게, 요리와 빵이 정말로 맛있던 기억이 생생하다.

그 후 바쿠세를 경유해 중규모 농가가 많은 남부 볼라웬고원으로 향했다. 주로 티피카가 재배된다고 들었는데, 매번 갈 때마다 배신을 당했다. 그러나 농민은 잘못이 없다. 누군가가 티피카라고 알려주었을 것이고, 그들은 이 말을 믿고 재배하는 듯했다. 품종 지식이 없는 소비국의 바이어도 생산자의 이야기를 그대로 믿고 수입해, 착각한 채 판매를 하는 것 같았다.

라오스는 다른 동남아시아처럼, 일반적으로 소비되는 커피는 소위 '3 in 1'이 주류다. 한 잔분 인스턴트커피와 프리마, 설탕이 스틱 봉투에 들어있는 제품이다. 호텔 방에 비치된 커피도 대부분 이것이었다. 잊지 못하는 기억은 비엔티안에서 일본인 여성이 운영하는 'the little House'에 묵었던 일이다. 민가를 개조한 가게는 민예품도 판매하는 커피숍이었다 바쿠세에 로스팅룸을 갖추고 있었는데 커피도 맛있었다. 남국의 분위기가 있는 개방적인 테라스에서 주인의 이야기를 들으며 여유롭게 커피 마시던 시간이 인상적이었다.

커피헌터와 함께하는 세계 커피산지 여행

평온한 날들을 기다리는 잠재력의 나라
미얀마

Republic of the Union of Myanmar
미얀마연방공화국

DATA

수도	네피도
면적	68만㎢
인구	5,496만 4,700명(2024, UN)
언어	미얀마어(공용어), 샨어, 카렌어 등
민족	버마족(약70%), 그 외 다수의 소수민족
종교	불교(90%), 기독교, 이슬람교 등
주요산업	농업, 천연가스, 제조업
통화	미얀마 짜트

커피 관련 정보

주요산지	샨주 북부, 남부, 만달리(아라비카종), 바고주, 카이인주(로부스타종)
총생산량	N/A
생산국랭킹	랭킹 외

! One Point

품질과 품종에 관한 농가의 인식은 의문스럽지만, 국립연구소의 성실한 일 처리와 지식은 기대할 만하다. 커피를 미래의 주력산업으로 삼아도 좋을 만큼 가능성이 있다.

2013년에 미얀마 커피 조사를 갔다. 태국 방콕에서 비행기를 타고 양곤에 도착했다. 공항터미널에는 그야말로 대단한 인파가 마중 나와 있었다. 손을 흔드는 사람들에게 나도 손을 흔들어 대다가 뭔가 이상하다는 느낌이 들어 뒤를 돌아보니, 내 바로 뒤로 아웅산 수치 여사가 걸어 나오고 있었다. 얼른 길을 양보했다. 부끄러웠다.

미얀마는 사회주의국가라 소농가밖에 없다고 생각했는데, 정부 관계자 친족이 경영하는 대규모 농원이 여러 곳에 있는 것에 놀랐다. 가는 곳마다 스페셜티 커피라고 말하고 있었지만, 품질에 대한 인식은 매우 얕았다. 밭에 심긴 나무는 키가 작은 왜소성 녹병 내성 품종이 대다수이고, 품종 관리조차 제대로 되지 않는 상황이었다. 그런 현실에서 묘목

아시아·태평양·북미　✈　Asia·PacifficOcean·North America

파고다가 발길 닿는 곳마다 세워져 있던 모습도. 역시 불교 국가답다(좌). 예상외로 거대한 농원도 있었다(중). 국립연구소에서는 관능시험 준비도 해주었다(우).

판매까지 하는 모습에 걱정이 앞섰다.

'평균 이상의 품질이 생산될 수 있는 풍요로운 자연환경인데, 아깝다'는 게 나의 소감이었다.

그런 와중에 방문한 곳이 국립커피연구소였다. 그런데 그곳의 소장을 비롯한 연구자 모두가 매우 열심히 일하고 있으며, 적은 예산에도 학습하고 연구하던 모습은 매우 인상적이었다. 유전자에 관한 지식도 보유하고 있으니 이곳에서 순정 종자를 만들어 판매하면 좋겠다는 생각을 했다. 그들이 시험재배하고 남은 커피를 로스팅해서 판매하는 것에도 놀랐다. 연구비에 조금이라도 보태기 위한 노력이었던 듯하다.

그 후, 내가 어드바이저로 활동하던 태국의 왕실매파루앙재단이 미얀마 정부로부터 의뢰받아 아편 재배 지역을 커피로 전작하는 프로젝트를 맡은 덕에 나도 미얀마를 다시 방문하게 되었다. 처음 후보지를 찾았을 때는 앞뒤로 경비대 차들이 붙어서 이동하고, 밭 시찰도 경찰대가 주위를 경비하는 가운데 실시했다. 2018년에는 구체적인 계획을 세우기 위해 방문해서 30만 개의 묘목을 만들었다.

그 이후 코로나 19가 만연하고 2021년에는 쿠데타가 발발했는데, 그 혼란 속에서도 작업은 진행되었다고 한다. 물론 나는 방문이 어려운 상태였으니 온라인으로 상황설명을 듣고, 화면을 통해 현지 사람들에게 조언을 해오고 있다.

미얀마 커피의 가능성은 높다고 생각한다. 이곳에서 맛있는 커피가 만들어지기를 학수고대한다. 나아가 커피가 이 나라의 경제를 지탱하는 훌륭한 산업이 되기를 간절히 바란다.

커피헌터와 함께하는 세계 커피산지 여행

윈난성 산악지대에서 커피가 재배되고 있다

중국

People's Republic of China
중화인민공화국

DATA
수도	베이징
면적	960만km²
인구	14억 2,500만 명(2024년, UN)
언어	중국어(공용어), 그 외 다수 소수민족의 각 언어
민족	한족(약 92%), 그 외 55개 소수민족
종교	불교, 이슬람교, 기독교 등
주요산업	1차산업(GDP의 7.3%), 2차산업(39.9%), 3차산업(52.8%)
통화	인민위안

커피 관련 정보
주요산지	윈난성(아라비카종), 하이난성, 푸젠성(로부스타종)
총생산량	N/A
생산국랭킹	랭킹 외

❗ One Point
중국 남부, 산속 깊은 곳에 소수민족이 다수 생활하는 윈난성. 오래 전부터 보이차로 유명했지만, 요즘에는 커피 재배도 하고 있다. 세계유산 리장은 오래된 기와지붕 거리로도 유명하다.

요코하마와 고베의 차이나타운에서 판매되는 캔커피를 윈난성 원두로 만드는 프로젝트가 있어서 원료 조사를 맡게 된 나는, 1994년 5월 홍콩을 경유해 성도 쿤밍으로 들어갔다. 산지인 보산으로 가는 비행기는 매주 한 편밖에 없어서, 순시까지 날아서 육로를 통해 보산으로 갔다. 최근에는 보산도 많이 발전했지만 당시에는 호텔조차 없었다.

19세기 후반, 기독교 선교사가 자신들이 마실 커피를 재배한 것이 중국 커피의 기원이라고 한다. 1956년 이후에는 재배가 본격화해 브라질에서 문도노보종을 도입, 1991년에는 제너럴 푸드가 녹병 내성이 있는 카티모르를 소개해 순식간에 확산했다.

약 1만 톤의 아라비카종이 국내소비용으로서 미얀마 접경지역에서 생산되

아시아·태평양·북미　Asia·PacifficOcean·North America

보산으로 가는 육로 현관이 되는 윈난성 따리. 리장과 함께 관광으로도 유명한 중국의 옛 마을이다.

고 있었다. 품종은 대부분 녹병 내성종. "우리는 티피카를 심고 있다."라고 당당히 말하는 생산자를 만났는데 밭에는 티피카와 닮지도 않은 나무들이 있었다. 지식이 없는 상태에서 인해전술로 심어놓은 느낌이었고, 정제 역시 비슷한 상황이었다. 사용하는 기계도 커피 전용이 아닌 정미기를 개조해서 쓰거나, 콩 사이즈를 선별하는 메시도 세계 규격과 전혀 달랐다. 그럼에도 가격은 당시 국제시장의 두 배 가까이 요구했으므로 나는 '품질 체크를 하고 싶다'고 요청했다.

컵 테이스트 준비를 의뢰했는데, 백의를 입은 사람들이 하얀 종이 위에 미분 상태로 분쇄된 커피를 가져왔다. 의아해서 물어보니, "그러고도 네가 커피 프로냐? 품질 체크 방법을 모르는가?"라고 큰소리를 쳤다. 굳이 싸울 이유가 없으므로 당신의 테이스트 방법을 알려달라고 하니, 그는 마치 마약(코카인) 품질을 체크하듯 손가락 끝에 가루를 묻혀서 혓바닥 위에 올렸다.

장난기가 발동한 내가 커피가루를 가늘고 길게 세로로 모아서, '코로 흡입해 테스트할 테니, 빨대를 달라'고 했지만 아무도 웃지 않았다. 당시 그곳에는 커피 관련 기술과 지식이 전혀 보급되지 않은 것이다. 이후 여러 번 윈난성을 드나들며 기술적 조언을 했지만, 재배도 정제도 '품질보다 수확량을 중시'하는 자세는 변함이 없었다.

그러다 시간이 흘러 2019년 일본 스페셜티커피협회 전시회에서는 윈난 커피가 플래티늄 스폰서가 되었다는 말을 듣고 놀랐다. 윈난 커피의 성장에 놀라움을 금치 못하며 부스를 찾아가니 25년간 많은 발전을 했구나 싶었다.

수마트라섬의 만델린이 오래 전부터 유명한
인도네시아
Republic of Indonesia
인도네시아공화국

DATA

수도	자카르타
면적	192만km²
인구	2억 7,978만 명(2024년, UN)
언어	인도네시아어
민족	약 300(자바인, 순다인, 마두라인 등 말레이계, 바브아인 등의 멜리네시아계, 중화계, 아랍계, 인도계 등)
종교	이슬람교(86.69%), 기독교(10.72%), 힌두교(1.74%), 불교(0.77%) 등
주요산업	제조업, 농림수산업(팜유, 고무, 쌀, 코코아, 커피 등), 도소매, 건설 광업
통화	루피아

커피 관련 정보

주요산지	북수마트라, 남수마트라, 아체, 동자바, 중부 자바, 남슬라웨시, 발리섬
총생산량	1,143만 3,000bag(2019~2020년)
생산국랭킹	4위

> **❶ One Point**
> 수마트라섬의 만델린은 독특한 수마트라방식 정제를 통해 만들어지는 향미로 유명. 커피 재배 역사는 오래되었고, 그 외에 토라자와 발리섬의 바투르산 주변에도 산지가 형성되어 있다.

전에 다니던 회사에서 북수마트라주에 있는 화교계 커피 수입회사와 만델린 커피농원 개발 합병회사를 설립하기로 한 1994년 이후, 본격적으로 인도네시아를 다니기 시작했다. 당시 반공 정책을 펴던 수하르토 정권은 화교에게 중국어를 사용하지 못하도록 제한했고, 이름마저 이슬람 풍으로 개명하도록 강요했다. 중국인의 외모에 이슬람 이름이라, 적잖은 위화감이 들었다. 게다가 이렇게 많은 화교가 살고 있는데 차이나타운이 없는 것도 신기했다.

합병회사 설립 전, 산지를 조사하는 동안 다시금 이 나라 커피 역사의 깊이를 실감했다. 모두 기록하기에는 공간이 부족하니 품종 이야기만 해야겠다.

1869년, 인도 경유로 예멘에서 티피카가 소개되어 전국에서 재배하기 시작

인부들이 베이스캠프 앞에 매일 아침 전원 집합해 조례를 했다. 마을 단위로 줄지어 선 채 그날의 작업내용과 작업 지역에 관한 설명을 들었다.

했다. 1878년 실론섬에서 녹병이 퍼지며 괴멸적 타격을 입었다. 네덜란드인이 앙골라에서 드웨브리종 엑셀사를 들여왔다. 1900년 네덜란드인이 녹병에 강한 로부스타를 소개했고, 이후 로부스타가 메인이 되었다.

1930년 네덜란드 정부가 에티오피아에 녹병 조사단을 파견해 아비시니아 버라이어티라고 불리는 재배종을 갖고 돌아왔다. 이것이 나중에 카메룬으로 보내져 자바 티피카로 불리게 되었다. 1952년 미국연방농무성USDA의 협조를 받아 인도커피연구소로부터 40종류 넘는 재배종을 실험용으로 수입. 이 재배종을 총칭해 'S-lines'이라고 부른다. 1956년 USDA의 자금원조와 포르투갈 녹병연구소CIFC 협력으로 에티오피아로부터 티피카 종자를 도입, 이 재배종을 USDA라고

지붕이 있는 아프리칸베드(좌, 상). 농원에는 전기가 없었다. 따라서 해가 저물기 전에 샤워를 마치고 숙소에 들어가야 했다(우, 상, 좌, 하). 마을로 시장을 보러 가면 과일들이 늘 풍부해서 즐거웠다(우, 하).

부른다. 1962년 카투라종이 소개되었다.

본래의 만델린 커피를 부활시키는 것이 우리 프로젝트의 목적이었다. 만델린족이 린톤종(티피카)을 심어서 세미워시드로 정제한 것이 본래 만델린 커피다. 이 프로세스는 다른 나라 세미워시드와는 달랐다. 과육을 제거하고 뮤실리지를 건조한 상태에서 탈각한 후 다시 건조한다. 이렇듯 독자적인 제법으로 만든 콩을 아사란 커피라 부른다. 그런데 막상 가보니 정제법은 워시드, 재배종은 린톤종이 아닌 왜소 녹병 내성종으로 바뀌어버린 상태였다.

당시 내가 살던 하와이섬에서 북수마트라로 가려면 수도 자카르타를 경유하기보다 싱가포르에서 수마트라 주도인 메단으로 날아가는 게 편리했다. 거기서 내륙 시디카란까지 차로 4시간 반을 달리고, 다시 4륜구동차로 험한 길을 한 시간 반쯤 가야 100ha 경작 예정지에 겨우 도착했다. 처음 2년간은 판자로 만든 기숙사에서 침낭 생활을 했다. 전기는 없고, 물은 자연의 물을 드럼통에 받아둔 것이 전부였다. 노동력은 인근 부락에서 채용했지만, 민족과 종교가 다르므로 다툼을 피하기 위해 마을 단위로 나누어 각기 다른 장소에서 일하도록 했다.

수년 뒤 베이스캠프가 신축되어 침대에서 잘 수 있게 되었다. 저녁 3시간은 발전기를 돌려 밝은 밤을 보낼 수도 있었지만, 드럼통에 받은 물을 사용하는 것은 변함이 없었다.

1998년경에는 수마트라섬 북단 아체주에서 조사를 했다. 아체주 산 가요마운틴 커피가 일본에서 만델린으로 유통되는 상황이었다. 천연가스 산출지로 자원도 풍부하고, 엄격한 이슬람교도가 많은 아체주에서는 분리독립을 외치는 반정부세력과 정부군의 분쟁이 계속되고 있었다. 그 탓에 메단에서 주도 반다 아체로 가는 정기편이 없어졌다. 육로로는 약 600km. 별 탈 없이 가더라도 13시간 걸리는데, '산속은 게릴라가 있어서 위험'하다며 제지당했다. 그러던 중 반다 아체에 있는 미국 천연가스 회사가 사원 왕래 및 물자조달을 위해 메단에 매일 소형 제트기를 보내고 있다는 정보를 얻고 그 회사에 부탁해 가까스로 제트기에 탈 수 있었다.

반다 아체는 무거운 분위기의 마을이었다. 생산자 그룹과도 회합했지만, 빈곤한 소농가뿐이었다. 가요마운틴 커피를 확산시키겠다는 마음은 강했지만, 자신들의 커피가 만델린으로 팔리고 있다는 사실조차 알지 못했다.

아체주에 평화가 찾아온 것은 아이러니하게도 2004년 수마트라만 지진 피해가 계기로 작용했다. 정부군과 게릴라가 협력해 부흥사업을 하면서 분쟁이 멈춘 것이다. 지금 아체의 커피는 '가요마운틴'이라는 브랜드를 달고 세계로 팔려나가고 있다. 기쁜 일이다.

완전 제로베이스에서 시작된 농원개발이라 우여곡절이 많았지만, 고생한 보람이 있어서 나무는 순조롭게 자라고 있다.

이곳에서 생겨난 하이브리드 티모르가 녹병 내성 품종의 루트

동티모르

The Democratic Republic of Timor-Leste

동티모르민주주의공화국

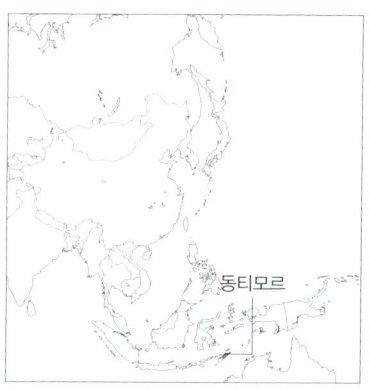

DATA

수도	딜리
면적	1만 4,900km²
인구	142만 759명(2024년, UN)
언어	테툼어, 포르투갈어(이상 공용어), 실용어로서 인도네시아어, 영어. 그 외 30개 이상의 지역어
민족	멜라네시아계, 파푸아계. 그 외 말레이계, 중국계, 유럽계 등 그 혼혈 등
종교	기독교(99.1%), 이슬람교(0.79%)
주요산업	농업(쌀, 옥수수, 코코넛, 커피 등) 석유, 천연가스
통화	미국달러. 통화는 '센터보centabo'화

커피 관련 정보

주요산지	에르메라현 레테포호, 아이나로현 마우베시, 릭사현 릭사
총생산량	10만 3,000bag(2019~2020년)
생산국랭킹	34위

❶ One Point

로부스타의 피를 이어받아 자연계에서 우연히 생겨난 아라비카 '하이브리드 티모르'는 녹병에 내성을 지닌다. 현재 세계로 확산하는 내성 품종은 이것을 바탕으로 만든 것들이다.

인도네시아에서 독립을 꿈꾸던 동티모르 독립혁명전선이 게릴라전을 전개해 인도네시아 정규군과 대치하던 1998년, 동티모르에 갔다. 이 섬에서 생겨난, 로부스타종의 피가 섞인 아라비카 타입 하이브리드 티모르가 어떤 환경에서 만들어진 것인지, 그리고 가능하다면 그 원목을 내 눈으로 보고 싶었기 때문에 수마트라섬에서 일을 마치고 곧장 날아간 것이다. 동티모르 중심도시인 딜리행 비행기를 타기 위해, 자바섬 동부 술라바야 공항에 내렸다.

당시 동티모르는 인도네시아의 일부였음에도 불구하고, 딜리행 팔라이트 체크인에서는 여권 제시는 물론 짐 검사도 했다. 그렇게 도착한 딜리 공항은 경비가 삼엄했다. 병사들이 곳곳에 경비를 서고, 눈빛이 예리한 사복의 공안도 매

아시아·태평양·북미 　Asia·PacifficOcean·North America

최초의 하이브리드 티모르 나무는 말라버렸다고 한다. 하지만 거기서 채취한 종자로 키워낸 수령 50년 이상의 커피 나무를 만났다.

섭게 나를 노려보고 있었다.

딜리는 과거 지배국인 포르투갈 분위기를 간직한 작은 해변 마을이었다. 식사도 인도네시아 요리와 전혀 달랐고, 포르투갈과 지역 요소가 섞여서 정말 맛있었다. 무엇보다 이 섬은 특구로서 포르투갈 와인이 무관세로 수입되고 있어서, 싸고 맛있는 와인을 매일 밤 마셨다.

도착하자마자 하이브리드 티모 정보를 모았지만, 주민들은 그다지 협조적이지 않았다. 산에 들어가려 해도 인도네시아군에게 막히고, 다른 루트로 도전해봐도 어렵기는 마찬가지. 급기야 심문까지 받고 군으로부터 미행당하는 처지가 되었다. 섣불리 움직이다가는 신변에 위험이 미칠 것 같아서 우리는 섬을 떠나기로 했다.

레테포호 커피 생산자(위). 평화를 찾은 동티모르 커피산지 풍경(좌, 하). 수동 목제 펄퍼(좌, 중). 잘 익은 열매를 하나씩 수확하고 있다(우, 하).

하이브리드 티모르의 존재가 알려진 것은 포르투갈령 시대인 1952년이다. 로부스타종은 녹병에 강한 특성이 있으며, 외관도 아라비카종과 전혀 다르다. 염색체 수도 아라비카가 44개인데 반해 로부스타는 22로, 서로 교배되지 않는다.

그럼에도 자연계에서 우발적으로 종간 교배된 것이 바로 로부스타의 피를 이은 아라비카 하이브리드 티모르였다. 이를 자발적 하이브리드화Spontaneous hybridization라고 부른다.

녹병에 걸리지 않는 신기한 아라비카종이 포르투갈인의 농원에서 발견된 후, 포르투갈 리스본 교외 오이라스에 설립된 녹병연구소CIFC에서 이 품종 연구가 진행되었다. 현재 세계에서 재배되는 녹병 내성 품종의 기원은 동티모르에서 발견된 이 하이브리드 티모르에 있다.

아시아·태평양·북미　✈　Asia·PacificOcean·North America

수도 딜리 교외의 해안에는 세계에서 두 번째로 큰 예수상이 세워져 있다(상). 시내에는 바이크와 자동차가 급증하고 있다(좌, 하). 동티모르 통화는 미국달러지만, 경화는 자국화폐를 사용한다. 50센트 경화에는 커피 디자인이 새겨져 있다(우, 하).

CIFC가 세계 생산국에 보낸 하이브리드 티모르를 인공 교배시킨 것이다.

1975년 포르투갈이 식민지 포기를 결정한 뒤 동티모르는 독립을 선언했지만, 인도네시아군이 침공해 섬을 점령했다. 주민들이 경계심도 강하고 외국인에게 비협조적인 건, 다 이런 역사 탓이다.

국제 사회가 인도네시아 점령을 비난하고 나서면서 1999년, 동티모르는 염원하던 독립을 이루었다. 뉴스를 들으며 나는 '그 섬에도 겨우 평화가 왔다'며 기뻐했다.

그러나 인도네시아군은 철수할 때에도 동티모르에 파괴행위를 했다. 딜리 역시 파괴와 약탈, 방화로 인해 마을 모습이 완전히 달라져 버렸다고 들었다. 그 아픔을 딛고 동티모르가 실질적인 독립을 이룬 것은 2002년의 일이다.

커피헌터와 함께하는 세계 커피산지 여행

아름다운 바다를 내려다보는 하와이주의 커피 농원

하와이

State of Hawaii, United States of America

미국합중국 하와이주

DATA

수도	호놀룰루
면적	1만 6634km²(2023년, 호놀룰루 일본총영사관)
인구	144만 명(2022년, 국세조사국)
언어	영어, 하와이어
민족	백인, 선주민 하와이인, 아시아계 외
종교	가톨릭, 프로테스탄트, 불교 외
주요산업	관광업, 기지 관련 수입
통화	미국달러

커피 관련 정보

주요산지	하와이섬(코나, 카우), 마우이섬, 모로카이섬, 오아후섬, 카우아이섬
총생산량	N/A
생산국랭킹	랭킹 외

> **One Point**
> 사양산업이 된 사탕수수와 파인애플을 대체해 커피 재배가 성행했다. 바다 비경을 품은 고독한 낙원의 섬이었지만, 요즘에는 녹병과 해충 문제가 발생해 대책이 시급하다.

1975년 엘살바도르에 유학 중일 때, 로스앤젤레스 편은 하와이 호놀룰루를 경유했다. 그때는 이후 14년 반이나 하와이에 살게 될 줄 상상도 못 했다. 첫 비행기, 첫 해외, 첫 미국 입국절차를 밟기 위해 뻣뻣하게 긴장했었다.

1988년 5월, 하와이 코나커피개발프로젝트가 시작되었다. 당시 자메이카에 살던 나는 이 프로젝트를 위해 자메이카-마이애미-댈러스-호놀룰루-코나로 비행기를 네 번이나 갈아타고 매월 그곳에 갔다. 처음 코나를 방문하던 때 하강하는 비행기에서 보이는 경치는 검은 용암뿐이었고, 이런 곳에서 과연 커피가 자랄 것인지 불안했었다.

하와이는 큰 섬이지만, 지역에 따라 전혀 다른 기후대가 존재한다. 공항 북쪽 리조트 지역은 연 강우량 200mm에

아시아·태평양·북미　Asia·PacificOcean·North America

낮에는 바다에서 부는 바람과 여름 기후의 태양, 밤에는 화산에서 부는 차가운 바람이 내려오는 코나 커피 밭. 고도는 300~600m. 바다가 보이는 독특한 산지이다.

불과하지만, 동해안 힐로와 하마쿠와 지역은 3,000~5,000mm. 또 커피가 재배되는 코나는 1,300~2,000mm이다.

19세기 중반부터 백인에 의해 사탕수수 재배가 시작되어, 하와이왕국의 주요 산업으로 성장했다. 커피는 그보다 일찍 소개되었지만, 사탕수수만큼 널리 재배되지 못했다.

사탕수수는 커피보다 물이 많이 필요하고 기계화하기 좋은 평지가 적합했다.

하와이의 5대 기업은 모두, 사탕수수 재배와 정제설탕 공장으로 부를 축적했다. 하와이섬 코나는 평지도 아니고 강우량도 적었으므로 설탕 산업이 들어오지 않았다. 그 덕에 커피 재배가 살아남을 수 있었다. 19세기 전반에는 파인애플이 하와이로 전해져 큰 산업으로 성장했다. 파인애플도 고온을 좋아한다. 대

하와이섬 이외의 산지에서는 자동주행식 수확기를 사용한다(위). 하와이 명물 플레이트 런치(좌, 하). 마우이섬에 갈 때는 반드시 이 식당에서 식사했다(우, 하).

량 재배를 위해 기계화하기 쉬운 평지에 파인애플밭이 들어섰다. 돌과 델몬트 같은 유명기업이 거대한 밭과 캔 공장을 하와이에서 경영했다.

1989년 4월 자메이카에서 코나로 이사한 후, 본격적으로 커피 농원개발을 시작했다. 농원개발 때 특히 애를 먹은 것은 용암이었다. 용암에는 고온에 점성이 낮아 매끄러운 덩어리가 되는 '파호에호에 용암'과 저온에 점성이 높아서 작은 돌덩어리처럼 되는 '아아 용암'이 있다. 토양은 용암으로 덮여있기 때문에 먼저 불도저로 용암을 치우고 잘게 부순 후, 그 후에 토양을 파내야 한다. 거기에 잘게 부순 용암을 깔고 채워서 토양을 일궈 농장을 만들었다.

종종 파호에호에 아래에서 블루락이

아시아·태평양·북미 ✈ Asia·PacifficOcean·North America

하와이농원 리서치센터에서 만들어낸 마라고지페와 모카의 인공교배종 MAMO(마모)의 봉우리와 개화 모습. 압도적이고 박력 있다.

라고 불리는 단단한 암반이 나타나면, 그 두께와 크기를 확인한다. 불도저 후부에 있는 리퍼로 부숴야 할지, 아니면 업자에게 의뢰해 다이너마이트로 폭파하는 것이 싸게 먹힐지 판단할 필요가 있었다. 한번은 거대한 암반이 출현해 업자를 부른 후 다이너마이트를 꽂기 위해 드릴로 구멍을 뚫었다. 마지막으로 다이너마이트를 장착해 폭파하기 전에, 돌이 날아가지 않도록 폐타이어 수십 개를 암판 위에 덮어야 한다.

그런데 업자가 타이어를 덮기 전에 폭파를 해버렸다. 아니나 다를까. 폭음과 함께 공중에 무수한 돌이 날아올랐다. 다행히 다친 사람은 없지만, 인근의 집 지붕에 피해가 발생했다. 다이너마이트 업자의 실수였지만 나는 작업을 의뢰한 사람으로서 인근 주민들에게 일일이 사죄를 하고 돌아다녔다. 지금은 만화 같은 이야기가 되었지만, 그때는 정말로 파랗게 질려서 허둥댔었다.

밭을 만들어 커피나무를 심고 나니 야생돼지가 큰 문제였다. 가뭄 대비와 액비용으로 커피 뿌리에 점적 관개시설을 만들었기 때문에, 커피나무 뿌리 부근에는 늘 야생돼지가 좋아하는 벌레들이 살고 있었다. 게다가 돼지는 점적 관계시설의 호스를 물어뜯으면 물을 먹을 수 있다는 사실을 금세 파악하고는, 밤중에 가족들을 몰고 와 만찬을 즐겼다. 코로 땅을 파헤쳐서 커피나무를 쓰러뜨려 벌레를 먹고, 신나게 물을 마신 뒤 돌아가곤 했다. 아침에 농장에 가보면 물이 뿜어져 나오고, 커피나무는 쓰러진 채 나뒹굴었다. 그렇게 매년 140그루 정도 피해를 입었다.

우리는 밭 가장자리에 함정을 파서 돼

일본어인 'HOSHIDANA(건조 선반)'가 이 지역에서는 표준어가 되어있다(좌). 코나의 일본계 주민이 발명한 집의 지붕과 천정을 이용한 파치먼트 건조장(우).

지를 산 채로 잡은 뒤 하와이 전통요리 칼루아피그를 만들어 먹었다. 얼핏 잔혹하지만, 돼지 잡을 때 나오는 피를 짐승들이 다니는 길에 뿌려두면, 몇 개월간은 야생돼지들이 오지 않았다.

당시 설탕 산업도 파인애플 산업도 사양화되고 있어서, 각 섬에서 앞다퉈 커피 재배를 시작했다. 영광을 누리던 두 산업이, 아이러니하게도 커피에 생존을 걸게 된 것이다. 본래 사탕수수와 파인애플 플랜테이션이었던 곳이 커피 밭으로 바뀌었으므로 모든 섬의 농원이 거대했다. 반면 코나커피는 약 800호의 작은 소농가 재배에 의존했다.

설탕은 세계적 수요 감소에다 생산 비용 문제로, 파인애플은 필리핀 등 다른 열대지역이 시장을 장악했기 때문에 쇠퇴한 것이다.

하와이 각 섬의 작물들

지역	이전 재배 작물
카우아이섬	사탕수수
오아후섬	파인애플
모로카이섬	파인애플
마우이섬	사탕수수
하와이섬 카우지역	사탕수수

아시아·태평양·북미 Asia·PacifficOcean·North America

1900년대 코나에 이주했던 일본계 커피 생산자 우치다 씨의 거주지가 코나커피의 역사를 전해주는 박물관으로 이용되고 있다.

태평양 절경의 고독한 섬 하와이는 커피 낙원이었다고 말할 수 있다. 외부와 단절된 덕에 세계의 커피 밭들이 두려워하던 녹병도, 커피체리를 먹는 CBB Coffee Berry Borer도 오랫동안 존재하지 않았다. 그런데, CBB가 2010년에 처음 발견된 후 막대한 피해를 몰고 왔다. 2020년에는 녹병도 상륙했다.

나는 이런 상황이 올 것이라고 각오하고 있었다. 미국에서 스페셜티 커피 붐이 일기 시작하던 1990년대 중반부터 투자가들의 대농원 개발이 시작되고, 정년퇴임한 후 후계자가 없는 일본계 생산자의 토지를 빌리거나 사서 운영하는 미국 본토 출신 생산자가 증가했다. 그런 사람들이 중남미 산지를 방문하는 일도 잦았다. 그들에게 커피 지식은 없었고, 결과적으로 해충과 병해를 들여오는 매개체 역할을 했다.

코나에 살던 당시 농원개발과 산지 조사 및 매입을 목적으로 세계 각지 생산국을 여행했지만, 나는 결코 하와이에 곧바로 돌아오지 않았다. 반드시 커피 재배를 하지 않는 나라에서 사흘 이상 체류하며 의류를 세탁하고 트렁크도, 구두도 모두 알코올 소독을 했다.

아프리카에는 커피 열매에 생기는 CBD Coffee Berry Disease라는 병이 만연해서, 하와이주에서는 아프리카 커피를 수입하지 않는다는 법령이 제정돼 있었다. 그런데 자가격리에 대해서는 철저하지 못했던 거다. 나는 하와이주 농업국에 '커피 생산자가 다른 산지를 방문한 경우 자가격리를 의무화할 것'을 제안했었다. 그 제안이 받아들여지지 않은 게 정말 유감이다.

커피 벨트에서 벗어난 산타바바라에서 재배에 도전 중

캘리포니아

State of California, United Stated of America
미국합중국 캘리포니아주

DATA

수도	새크라멘토
면적	42.4만㎢
인구	3,954만 명
언어	주로 영어
민족	히스패닉, 백인, 아시아계, 흑인 외
종교	주로 기독교, 신앙의 자유를 헌법으로 보장
주요산업	무역, 관광, 컴퓨터, 전자기기, 농업(과일, 채소, 낙농, 와인 등), 석유
통화	미국달러

커피 관련 정보

주요산지	산타바바라
총생산량	N/A
생산국랭킹	랭킹 외

> **One Point**
> 산타바바라는 매우 북쪽에 위치하지만, 지중해성 기후 때문에 열대식물이 잘 자란다. 의외의 산지라는 점에서도 캘리포니아 커피의 브랜드화를 기대해 본다.

캘리포니아주는 나파의 와인 산업으로 유명하다. 그 발전에 기여한 캘리포니아대학교 데이비스캠퍼스의 교수로부터 커피학과 창설에 관한 협력을 의뢰받아 2014년부터 이 대학에 가게 되었다.

이듬해 2월에는 '주 내 산타바바라시에서 커피를 재배하는 미국인이 있는데, 함께 방문해 조언해주면 좋겠다'는 의뢰를 받고 교수가 운전하는 차로 향했다. 근처에 있는 밭을 보러 가는 듯한 분위기였지만, 실제로는 600km나 떨어져 있었다. 미국의 광활함과 잘 정비된 고속도로망을 실감했다.

그러나 로스앤젤레스보다도 북쪽에 있는, 커피 벨트에서도 한참 먼 북위 34도의 산타바바라에서 정말로 커피가 자라는지 의문을 품었다.

교외 산길을 15분 정도 달린 곳에 농

아시아·태평양·북미 ✈ Asia·PacificOcean·North America

산타바바라 계곡의 밭에서 건강한 커피나무가 자라고 있다(상). 커피 수확량이 아직 적기 때문에, 안정적인 경영을 위해 다양한 열대작물을 재배한다(좌, 하). 주말에 시내에서 열리는 파머스마켓에서 판매하고 있다(중, 하). 온실에서 묘목을 키워 커피 재배를 희망하는 사람들에게 판매하며 기술지도도 한다(우, 하).

원이 있었다. 온실이 아닌 노지에 심긴 커피나무에 열매가 맺혀 있었다. 안정적인 수입을 위해 용과와 아테모야, 체리모야, 프루츠캐비어, 라임 등 부가가치 높은 열대과일도 함께 재배하는 모습이 인상적이었다.

농원주에 따르면 산타바바라는 지중해성 기후로 가장 추운 12~1월에도 최고기온 18℃, 최저 6℃ 이하로는 떨어지지 않는다고 했다. 또 일반적으로 산맥은 해안을 따라 남북으로 이어지는데, 이 지역은 '매우 드물게 바다와 직각인 동서 방향으로 산들이 연결되어서, 농원이 있는 계곡으로 늘 따뜻한 바람이 들어오기 때문에' 열대식물 재배가 가능하다고 설명했다.

수확량은 아직 적었지만, 농원주가 캘리포니아 커피를 브랜드화하기 위해 노력하는 모습이 매우 인상적이었다.

커피헌터와 함께하는 세계 커피산지 여행

최대 소비국 미국과 가까운, 앞으로 크게 기대되는 나라

멕시코

United Mexican States
멕시코합중국

DATA

수도	멕시코시티
면적	196만㎢
인구	1억 2,900만 명(2024년, UN)
언어	스페인어, 선주민의 언어가 60개 이상 존재
민족	메스티소(스페인 등 유럽계와 선주민의 혼혈 60%), 선주민(30%), 스페인 등 유럽계(9%) 외 (2021년, 국제협력은행)
종교	가톨릭(약 70%)
주요산업	공업제품, 자동차, 전기전자기기, 광산물, 원유, 농림산물
통화	멕시코 페소

커피 관련 정보

주요산지	치아파스, 베라크루스, 푸에블라
총생산량	398만 5,000bag(2019~2020년)
생산국랭킹	9위

> **One Point**
> 최대 커피 소비지인 미국과 인접. 대규모 농원은 채소와 과일이 주류이며, 커피에 대해서는 아직 좀 먼 이미지. 중미로 향하는 여행의 관문이기도 하다.

1976년 처음 멕시코에 갔다. 엘살바도르 커피연구소에서 2년쯤 공부했을 때다. 그 무렵 현지 생활과 스페인어에도 익숙해진 나는, 인근 생산국을 방문하고 싶어졌다. 소장에게 부탁해 소개장을 써달라고 한 뒤 멕시코 커피원INMECAFE을 방문했다.

자동차에 짐을 싣고 엘살바도르 수도 산살바도르를 출발, 태평양을 따라 북상해 과테말라를 통과하고 멕시코 국경마을인 타파출라까지, 약 500km를 쾌적하게 달렸다. 다음날은 타파출라에서 오아하카까지 약 700km를 달리고, 사흘째에 500km를 더 달려서 멕시코 수도 멕시코시티에 도착했다.

멕시코시티는 거대한 도시라고 들었다. 산살바도르 촌에서 출발한 나는 살

아시아 · 태평양 · 북미　Asia·PacificOcean·North America

멕시코시티. 석양이 지는 과달루페 대성당. 갈색 피부의 성모마리아를 위해 세워진 매우 아름다운 교회다(위). 도시 중심부 센트로에는 역사적인 건물도 많이 남아있다(좌, 하). 사진의 가게는 노포 '카페 비라리어스'. 원두를 사러 온 지역민이 줄 서 있다(우, 하. 사진: 기타야마 소치).

짝 두려운 나머지 가능한 낮에 도착하려고 오아하카의 숙소를 어두울 때 출발했다. 내비게이션도 아직 없던 때, 지도에만 기대어 마을을 나섰으나 시에라마드레 산맥 안에서 길을 잃어버렸다.

아직 해도 뜨지 않은 새벽이라 울고 싶어지던 순간, 내 눈에 들어온 것이 언덕 위의 산장 같은 식당이었다. 대형 트럭이 줄지어있는 주차장에 차를 세우고 안에 들어가니, 식사하면서 담소를 나누던 운전사들이 일제히 나를 바라다봤다. 이런 산중에 아시아인이 오다니, 그들도 놀랐을 테지. 멕시코인 한 명이 이야기를 걸어와서 '엘살바도르에서 온 일본인이며, 멕시코시티를 향해 가다가 길을 잃었다'고 고백했다.

이 식당의 아침은 대접 같은 컵에 넘칠 듯 가득 설탕을 넣은 밀크커피와 바

오아하카의 산토도밍고 성당. 저녁 무렵 교회 앞에는 길거리에서 물건을 파는 사람과 모여서 수다 떠는 사람들로 왁자지껄 붐빈다.

게트로 정해져 있는 듯했다. 종업원이 내 앞에 빵과 커피를 툭 하고 놓고 갔다. 그사이 점점 더 많은 운전사가 몰려들었고, 그중 한 명이 '알기 쉬운 곳까지 안내해 줄 테니 내 트럭을 따라오라'고 말해준 덕에 안도하며 마시던 그 커피 맛은 지금도 잊을 수 없다.

멕시코시티의 레포르마 거리에 있는 커피원 본부는 놀라울 정도로 훌륭한 빌딩이었다. 또 1층에 'café y arte'(커피와 예술)이라는 직영점이 있어, 그곳에서 다양한 커피를 팔고 있었다.

우리 소장이 써준 소개장은 역시나 강력해서, 멕시코 커피원 사람들 모두가 매우 친절하게 설명을 해주었다. 그리고 '재배와 육종에 대해 알고 싶으면' 방문해보라며 베라크루스주 하라파에 있는

아시아·태평양·북미   Asia·PacificOcean·North America

오아하카 근교 아치온파에서. 도자기로도 알려진 작은 마을로, 삼륜바이크 택시가 달리고 있다(좌). 7월에 개최되는 게라게차 퍼레이드. 선주민의 민족의상과 춤을 볼 수 있는 멕시코 최대 축제다(중). 10월 마지막 날부터 사흘간은 '사자의 날'. 마을 곳곳에 해골이 넘쳐나는 축제가 열린다(우).

연구소를 소개해 주었다. 내가 하라파까지 300km를 더 달려 연구소를 방문한 것은 말할 것도 없다.

여기에서도 환대를 받았지만, 연구 수준은 엘살바도르 쪽이 훨씬 높고 정부의 관심도 마찬가지였다. 멕시코는 대국으로 대규모의 과채 농원이 있고, 석유도 생산된다. 자연히 커피산업에는 큰 기대를 걸지 않는 듯했다. 거대 소비지인 미국이 인접해 있는데도 말이다. 멕시코커피원은 그 후 본부를 하라파로 옮겼으나 안타깝게도 1989년에 해산되었다.

나의 여행 이야기로 돌아가면, 하라파 방문을 마치고 마야문명 유적을 방문했다. 유카탄반도를 일주해 팔렝케, 욱스말, 치첸이트사, 툴룸 유적을 보고, 이후 당시의 영국령 온두라스(지금의 벨리즈)로 들어가 카라콜 유적에 갔다. 그리고 과테말라 정글에서 잠자는 티칼유적에 들러 엘살바도르로 돌아올 예정이었다. 하지만 계절에 맞지 않게 폭우가 쏟아지는 바람에 국경 근처 정글에서 차가 묶여 빠져나오지 못했다. 6시간 가까이 지나도록 차도 사람도 보이지 않으니, 재규어가 사는 이 정글에서 어떻게 되지나 않을까 소심해져 있다가 겨우 지나가던 트랙터의 구원을 받아 정글을 빠져나왔다. 더 가는 것은 무리여서 멕시코로 복귀한 뒤 엘살바도르로 돌아갔지만 한 달 만에 1만 2,000km를 돌파한, 기억에 깊이 각인된 여행이었다.

Column 02

세계의 커피숍

커피 산지에서는 정말 맛있는 커피를 마시기 힘들다. 외화 획득을 위해 품질 좋은 커피는 수출하고, 국내 소비용으로는 저급품이 사용되기 때문이다. 그렇지만 세계를 여행하다 보면 잊기 힘든 가게를 만나는 일이 종종 있다.

쿠바 아바나

'카페 엘 에스코리알cafe El Escorial'과 '오라일리O'Reilly'는 반드시 방문하는 곳이다. 둘 다 로스터를 두고 원두를 판매한다. 카페에서 커피를 마시는 것은 관광객이며, 그 지역의 사람들은 원두를 사러 온다.

전 세계 산지를 방문했지만, 로스팅 시설을 갖춘 카페에 지역 사람들이 콩을 사러 오는 풍경을 본 것은 예멘과 쿠바뿐이다. 미국의 경제제재로 사람들의 삶이 곤궁하다고 들었지만, 쿠바인에게 커피는 없어서는 안 될 음료로, 로스팅이 끝나면 줄을 서서 갓 볶은 커피를 사러 왔다. 양질의 아라비카종은 수출하기 때문에 마시는 커피는 저급품 아라비카나 로부스타이지만, 역사를 간직한 가게 분위기와 쿠바의 커피문화를 즐기기 위해 그곳에 간다.

카페 엘 에스코리아는 아바나 비에하(올드 아바나)라고 불리는 구도심 광장에 면해 있다(상). 오라일리는 골목을 들어선 곳에 있는 차분한 분위기의 가게로, 선형계단이 인상적이다. 둘 다 레트로한 분위기를 풍긴다(하).

국경 아미 카페는, 옥외에 자리가 나열된 개방적인 가게. 병사들이 부끄러워하며 커피를 내려준다.

태국 첸라이

태국과 미얀마 국경에 있는 '아미 카페'. 과거 양국 관계악화로 국경선이 긴장 상태이던 시기도 있다. 이 일대는 오래 전부터 '골든트라이앵글'이라고 불리던 아편 생산지로 당시에는 위험해서 일반인은 갈 수 없었다. 현재 태국 쪽은 아편 재배가 없어졌고, 파괴된 숲도 완전히 부활했다. 국경을 경비하는 육군기지에 있는 아미 카페는 일반인 대상으로 운영하고 있으며, 병사들이 커피를 내려준다. 평화를 느끼게 해주는 카페였다.

소박하고 기분 좋은 바람이 인상적인 가게. 어머니가 만든 지역 특산 과자와 함께 마시면 좋다. 말은 안 통해도 커피를 다루는 사람끼리의 친근함이 느껴진다.

탄자니아 모시

킬리만자로 커피 옥션이 개최되는 모시 시내의 '유니온 카페'도 반드시 들르는 가게다. 1933년에 설립된 킬리만자로 선주민 협동조합KNCU이 경영하는 이 가게는, 마을 중심에 있다. 모시는 킬리만자로 등산 마을로서도 유명해서, 가게는 등산객들로 북적거린다.

큰길 귀퉁이에 있으며 가게 간판도 아주 커서 쉽게 찾을 수 있다. 킬리만자로 등산을 위해 온 산 사나이들과 국제 NGO 직원 등 손님은 실로 국제적이다.

마다가스카르 마하노로

지금도 이 가게가 있는지 모르겠다. 가게 이름도 기억나지 않는다. 마다가스카르에서 저카페인 교배종 실험을 하던 때, 야생종 커피를 찾아 동해안을 남하하다가 마하노로 마을에서 발견한 커피 숍이다. 어머니가 돌 냄비에 커피를 로스팅하고 아들이 방아에 빻아서 분쇄한 다음, 이를 독특한 통으로 된 필터로 내려주는 곳이었다. 벽도 없는 오픈 커피 숍이었는데 느긋한 시간을 보냈던 추억이 새롭다.

Part 1
세계의 커피산지

커피헌터와 함께하는
세계 커피산지 여행

중미 · 카리브해편

과테말라, 벨리즈, 온두라스, 엘살바도르, 니카라과, 코스타리카, 파나마, 쿠바, 자메이카, 도미니카공화국, 푸에르토리코

과테말라와 코스타리카, 자메이카 등 맛있는 커피 산지로서 이름이 널리 알려진 곳이 중미와 카리브해 일대다. 기후 면에서도 재배 최적지가 많고, 그 가능성이 높은 만큼 과거의 명산지로서 부활도 기대된다.

화산기슭의 고도 안티구아를 필두로 하는 메이저 생산국

과테말라

Republic of Guatemala
과테말라공화국

DATA

수도	과테말라시티
면적	10.9만k㎡
인구	약 1,835만 8,400명(2024년, UN)
언어	스페인어(공용어), 그 외 22개 마야계 언어 등
민족	마야계 선주민, 메스티소(유럽계와 선주민의 혼혈), 유럽계, 그외(가리후나족, 싱카족 등)
종교	가톨릭, 프로테스탄트 등
주요산업	농업(커피, 바나나, 설탕, 카다멈, 식용유지), 섬유산업
통화	케찰

커피 관련 정보

주요산지	안티구아, 아카테낭고, 산마르코스, 우에우에테낭고, 코반 등
총생산량	360만 6,000bag(2019~2020년)
생산국랭킹	11위

> **❶ One Point**
> 안티구아 교외의 산세바스티안 농원은 품질 중시의 자세를 재인식시키는 훌륭한 농원. 고도 2,000m의 고지에서 재배하는 희소한 커피 맛도 기대가 크다.

과테말라는 헤아릴 수 없을 만큼 자주 방문했지만, 처음 갔을 때 일은 선명하게 기억한다. 1975년 1월 엘살바도르에서 유학할 때, 홈스테이하는 집에 도착해 일본대사관에 재류신청서를 제출했다. 그러나 수일 후 서기관에게 불려가 관광비자라 장기체류는 할 수 없다는 말을 듣고 눈앞이 깜깜해졌다. 도쿄의 엘살바도르 대사관 실수로 학생비자가 나오지 않은 것이다. 서기관으로부터 '일단 귀국해 정식 학생비자를 발급받든지, 이대로 남아서 변호사를 고용해 스스로 열심히 신청해서 취득하든지' 두 개의 선택지가 있다는 조언을 들었다.

나는 뭐든 경험이라고 믿으며 현지에서 스스로 신청해보기로 했다. 그러나 그건 정말로 어려운 일이었고, 3개월은 금세 지나 관광비자가 곧 만료될 예정이

중미·카리브해 ✈ Central America·Caribbean Sea

안티구아에서. 스페인인이 중남미에 만든 도시는 중앙공원이 마을의 중심에 있다. 뒤쪽에 보이는 아구아 화산은 그곳에 사는 일본인들에게는 과테말라 후지라고 불린다.

었다. 그때 옆 나라 과테말라로 잠시 출국한 것이 첫 방문이었다.

산살바도르에서 팬아메리칸 하이웨이를 달리는 장거리 버스를 타고, 과테말라시티까지 갔다. 아직 스페인어도 서툴고, 육로로 국경을 넘는 것도 처음이라 긴장 상태였다.

과테말라시티에 도착하자마자 그대로 노선버스를 타고 커피 산지인 안티구아로 향했다. 안티구아는 스페인 식민지 시대의 과테말라 수도다. 1979년 세계유산에 등재되면서 관광지가 되었지만 내가 갔을 때는 그 이전으로, 정말로 조용하고 느긋하고 한산하게 아름다운 도시였다. 그리고 커피 밭에 둘러싸인 마을이기도 해서, 혼자 걸어 마을과 밭을 산책했다. 그때는 앞으로 나에게 큰 영향을 주는 농원과 생산자를 만나, 매년 안

일조량이 감소하는 우기에 들어서기 전에 셰이드트리 가지치기. 서리 피해 위험이 있는 안티구아에서는 서리에 강한 그라비레아라는 나무를 사용한다.

티구아에 가게 될 것이라는 생각조차 하지 못했다.

엘살바도르로 돌아온 나는 3개월짜리 관광비자를 받았고, 다시 또 7차례의 신청 끝에 학생비자를 취득할 수 있었다.

중남미에는 예전부터 독일인 이민자가 많았다. 과테말라에는 독일계 커피 수출회사가 다수 있고, 고급품은 거의 다 독일로 수출되고 있었다. 그들 대부분이 2차 세계대전 전에 이주한 사람들로, 타고난 근면성으로 각 방면에서 성공했다. 그러나 전쟁이 시작되자 과테말라는 연합국 측에 붙었다. 독일로 귀국하는 사람도 있었고, 남은 독일인은 재산을 몰수당했다. 하지만 전후에 그들은 다시 사업을 일으켜 부활했다고 한다.

어느 날, 독일 억양의 스페인어를 구

중미·카리브해 ✈ Central America·Caribbean Sea

안티구아 마을에서는 선주민 민예품 매장을 둘러보는 것도 즐겁다(좌). 후에고 화산과 아카테낭고 화산이 바라다보는 산세바스티안 농원의 건조장(우).

사하는 커피 딜러가 있어서 언제부터 이 세계에 몸담았는지 물으니 '열네 살 때 독일 브레멘 커피회사에 메신저 보이로 고용되었다'고 했다. '그 후 일을 익혀 사장에게 스카우트되었고, 과테말라로 왔다'고 대답했다.

이전에는 독일계뿐 아니라 여러 민족의 커피 수출회사가 각국에 있었다. 각각 개성적인 사장과 직원이 있어서, 그들의 이야기를 듣는 것도 즐거웠다. 그러나 국제시장이 폭락할 때마다 이런 회사들은 망하고, 거대한 다국적 트레이더에게 매수되면서 다양성이 적어졌다.

1989년, 과테말라시티에 사는 엘살바도르 유학 시절의 은사를 만나러 갔다. 엘살바도르 내전 중 반정부 게릴라는 자산가와 국가에 공헌해 영향력 있는 사람들을 협박·유괴하는 전술을 폈다. 커피 산업 역시 자산가의 비즈니스로 눈앞의 적이라 규정한 뒤, 우수한 젊은 연구자이자 정치적으로 중립이었던 은사에게 '24시간 안에 나라에서 나가라'고 협박했다. 그래서 은사는 가족과 함께 과테말라시티로 피난한 것이다.

오랜만의 재회였지만, 그 무렵의 나는 세계에서 가장 비싼 자메이카 블루마운틴 농원을 한꺼번에 세 군데나 개발했다는 자부심으로 상당히 콧대가 높아져 있었다. 그럼에도 선생님은 시종 친절한 미소로 내 이야기를 들어주고, 참고가 될 만한 농원을 안내해주기까지 했다. 그곳이 안티구아 교외에 있는 산세바스티안 농원이었다.

개원한 지 99년째이던 그 농원은 4대째인 마리오 파더가 총지배인이었다. 놀라울 정도로 정비가 잘된 밭이었고, 정

103

농원에서 작업이 끝난 후 불을 피우고 모여서 세상 사는 이야기를 나누는 즐거운 휴식시간. 고도가 높아서 계절에 따라 매우 추워진다.

제공장 기계 역시 오래되었지만 깨끗하게 관리되고 있었다. 천일건조장의 커피는 훌륭하고 마감도 깨끗했다. 이토록 완벽한 농원은 본 적이 없었다.

한데 거기서 나는 바보 같은 질문을 마리오에게 해버렸다. "국제거래 가격이 싼데 이렇게 손이 많이 가면 이익이 납니까?" 그때는 아직 스페셜티 커피 붐이 일기 전, 옥션 커피 역시 없었던 시대였다. 자메이카 커피 외에는 모두 뉴욕과 런던 시장에서 가격이 결정되었다.

마리오는 이렇게 대답했다. "99년을 이어온 파더 일가의 전통적인 품질을 지키는 것이 나의 일이죠. 국제거래 가격 때문에 품질을 바꾸는 일은 없을 겁니다." 머리를 세게 얻어맞은 듯한 쇼크였다. 아마도 스승님은 나처럼 경험도 없이 오만한 녀석에게 한방 보여주고 싶으

중미·카리브해 　Central America·Caribbean Sea

과테말라 북서부에는 인접국 멕시코와 벨리즈까지 이어지는 광대한 베텐 정글이 있다. 그곳에 우뚝 서 있는 이 피라미드가 티칼 유적군. 세계유산에 등재되기 전에 간 터라 모든 피라미드 정상을 제패할 수 있었다. 현재는 안전대책과 유적 보호를 위해, 정상에 올라갈 수 없다(좌). 사람을 좋아하는 나수아(붉은코 아티)가 맞아준다(우).

셨던 것 같다.

이 농원의 부르봉 품질을 일본시장에 소개하고 싶어서, 당시 일하고 있던 회사에 상세 정보를 곁들여 타진했다. 그러나 간단하게 OK 회답을 받지 못했고, 기다리지 못해 맘대로 발주를 해서 1컨테이너를 계약해 버렸다. 물론 본사로부터 한 소리 크게 들었지만 '이제부터는 품질을 추구하는 시대가 반드시 온다'고 자신 있게 설명을 했다.

이후에도 중미에 갈 때는 나는 이 농원을 방문했다. 전통을 중시하는 데서 머물지 않고 항상 더 나은 품질을 추구하며 개혁하는 자세가 좋았기 때문이다. 2000년에는 농원의 최고고도 밭을 마리오와 함께 걸었다.

더 높은 곳에는 복숭아밭이 있다고 들어서, 거기까지 함께 가보았다. 고도 2,000m 고지대 있는 복숭아밭을 보았을 때, 나는 나도 모르게 제안했다. "여기에 커피를 심읍시다. 이 밭이라면 뛰어난 밀도의 단단한 커피가 만들어질 것입니다." 마리오가 대답했다. "기온이 낮아서 리스크가 있는 데다 성장이 더디고 수확량도 크게 기대할 수 없어요. 그러나 당신이 그렇게 말한다면 최고로 맛있는 커피가 만들어질 게 분명해요. 해보죠!"

당시 안티쿠아 커피 밭의 해발고도는 1,800m 내외로, 2,000m 밭은 아예 존재하지 않았다. 안타깝게도 마리오는 농원에서 심장발작을 일으켜 이 밭의 수확을 보지 못하고 영면했다. 그러나 그의 뒤를 이은 파더가의 종형제들이 지금도 열심히 밭을 일구고 있다.

커피헌터와 함께하는 세계 커피산지 여행

과테말라에 인접하며, 소량으로 커피를 재배하는 나라

벨리즈

Belize

벨리즈

DATA

수도	벨모판
면적	2만 2,970km²
인구	41만 6,600명(2024년, UN)
언어	영어(공용어), 스페인어, 벨리즈 크레올어, 모판어 등
민족	메스티소(48.7%), 크레올(24.9%), 마야계(10.6%), 가리후나(6.1%)
종교	기독교(가톨릭, 프로테스탄트, 영국국교회 등) 외
주요산업	관광업, 농업(설탕, 감귤류, 바나나) 수산업
통화	벨리즈 달러

커피 관련 정보

주요산지	가요, 오렌지워크
총생산량	N/A
생산국랭킹	랭킹 외

> ❶ **One Point**
> 지도상으로 보면 명산지인 과테말라에 인접한 좋은 조건으로 생각하기 쉽지만, 재배에 적합한 한난차를 만드는 산악지대가 존재하지 않는다. 커피 생산은 조금씩 하는 상황이다.

1976년, 벨리즈에 갔다. 아직 영국으로부터 독립하기 전으로, 영국령 온두라스라고 불리던 시절이다. 멕시코 커피원에 공부하러 갔다가 돌아올 때, 유카탄반도를 여행하며 벨리즈에 들어갔다. 당시 이 나라에서 커피는 재배되지 않았고, 순전히 관광 목적이었다.

상업 중심지는 연안부의 벨리즈시티였지만, 저지대라 홍수가 나기 쉬운 곳이어서 마루를 높게 올린 집들이 많았다. 거주민은 대부분 미국계였고, 짧은 중심가를 따라 중국인이 경영하는 상점들이 있었다.

습도가 높고 더운 벨리즈시티에서 경비행기를 타고 카리브해의 산호초 섬인 산페드로섬으로 향했다. 지금은 호텔도 레스토랑도 많은 유명 관광지가 되었지만, 당시에는 민박밖에 없는 소박한 분

중미·카리브해 ✈ Central America·Caribbean Sea

지방에는 매력적인 마야문명 유적이 남아있다. 카리브해와 유적순례를 추천한다(좌). 예전과는 비교할 수 없을 정도로 크고 멋있어진 벨리즈시티(우).

위기였다. 내 인생 통틀어 가장 아름다웠던 바다, 산페드로섬의 바다였다.

민박에서의 저녁은 빵과 반찬 하나. 그런데 그 반찬이 어느 날 저녁에는 랍스터 무한 리필이거나, 삶은 새우를 마음껏 먹을 수 있는 등 대단했었다. 그 후에는 본토로 돌아와 마야문명 유적지인 카라콜 유적으로 향했다. 벨리즈시티에서는 아프리카계 사람들이 영어를 쓰며 생활하고 있었지만, 다른 지역에는 인디오계 스페인어를 사용하는 사람들이 살고 있었다. 과테말라 영토를 영국이 약탈하고, 아프리카에서 노예를 데리고 온 역사가 그렇게 남아있었다.

참고로 영어 이름은 벨리즈이지만, 스페인어로는 벨리스가 된다. 그리고 내가 자메이카에서 농원개발을 하던 1985년경, 뉴욕에 출장을 갔을 때 지인을 통해 '꼭 만나고 싶다'고 의뢰한 미국인을 만났다. 벨리즈 중앙부 수도 벨모판 주변에서 농원개발을 할 예정인데, 커피 재배와 정제법을 모르니 조언해달라는 의뢰였다.

그러나 그곳에는 재배에 적합한 산악지대가 없고, 가장 높은 산도 1,200m 이하였다. 게다가 험한 산이라 등산조차 할 수 없는 곳이니 '그만두는 편이 좋겠다'고 조언했다. 설령 가능성이 있다 해도, 당시 나는 자메이카 블루마운틴 산맥 세 군데에서 농원개발 관리를 하던 터였다. 바쁘게 날아다니는 시기였으니, 시간도 없었다.

그로부터 한참 후인 2022년 11월, 대만에서 개최된 국제 커피전시회에 갔다가 벨리즈 커피 부스를 발견했다. 역사가 짧고 그때의 미국인도 아니었지만 누군가가 커피 재배를 시작한 것이다.

중미 최대생산국으로 약진 중, 앞으로 발전을 기대해 본다

온두라스

Republic of Honduras

온두라스공화국

DATA

수도	테구시갈파
면적	11만 2,490㎢
인구	1,075만 명(2024년, UN)
언어	스페인어
민족	혼혈(91%), 선주민(6%), 아프리카계(2%), 유럽계(1%)
종교	주로 가톨릭, 헌법상 신앙의 자유를 보장
주요산업	농림수산업(커피, 바나나, 팜유, 양식새우 등), 봉제산업, 관광업
통화	온두라스 렘피라

커피 관련 정보

주요산지	산타바바라, 구라시아스, 코마야구아, 촐테카, 말카라
총생산량	593만 1,000bag(2019~20년)
생산국랭킹	6위

❶ One Point

수세가공 커피체리를 건조 전에 출하하는 독특한 유통형태가 문제. 최근 스페셜티 커피에서도 종종 화제에 오르는 국가이기 때문에, 품질 향상을 기대해 본다.

인접 국가인 엘살바도르에 오래 살고 있었지만, 1969년 월드컵 중미예선 중 총성까지 울린 '축구전쟁'의 영향으로 온두라스와는 국교단절 상태였다.

나는 일본인이라 온두라스에 가는 것은 딱히 문제가 되지 않았다. 다만 내 차에는 엘살바도르 번호판이 붙어있었고, 입국하면 목숨을 보장받을지 알지 못하는 상황이었다.

그런 이유로 나에게는 온두라스가 '가깝고도 먼' 산지였었다.

처음 온두라스를 방문한 것은 1983년 2월. 자메이카로 출장 온 전 직장 전무의 비서 겸 통역으로 온두라스에 동행했다. 여건상 자유롭게 농원을 방문하는 건 어려웠고, 오직 수출업자를 만나 거래를 성사시키기 위한 여행이었다. 그나마 수출업자의 접대 덕에 생각지도 못한

중미·카리브해 Central America·Caribbean Sea

잘 정돈된 아름다운 밭에 파란 하늘이 빛난다. 이 농원은 새로운 농원으로, 관리가 매우 잘 되어있었다.

마야문명 유적지 코판까지 안내를 받아 둘러보게 된 것은 당시 상황에서 커다란 행운이었다. 훌륭한 유적에 감동하던 중 고베대학교 유적발굴팀의 젊은 일본인 학생을 만난 것은 지금도 인상 깊게 남아있다.

온두라스의 주요 커피 산지는 엘살바도르 접경 산악지대. 실은 비행기로 입국해 산으로 향하는 것보다 엘살바도르 산지를 방문한 뒤 그대로 국경을 넘는 쪽이 훨씬 편리했다.

출입국이 가능한 국경은 몇 개가 있는데, 그때 내가 선택한 것은 현지에서 'Paso Mono(원숭이가 지나는 길)'이라고 불리는 국경이다. 엘살바노르 측에는 출입국관리사무소도 세관도 없었기 때문에, 어떤 절차도 거치지 않고 그대로 국경을 넘어 온두라스 쪽으로 들어갔다.

온두라스 측에는 제대로 된 사무소가 있어서 입국 수속을 마치고, 산악지대의

농약 살포를 끝내고 밭에서 돌아온 노동자들(좌, 상). 온두라스인이 즐겨 마시는 음료 아톨 드 에로테. 옥수수 베이스에 시나몬을 뿌려 달고 따뜻한 음료다(좌, 하). 여성 생산자 그룹의 집하를 함께 도왔다. 오래 전부터 수평저울을 이용해 수확한 체리를 계량한다. 건강하고 밝은 웃음소리에 이끌려 어린이들까지 모여든다(우).

산지를 둘러본 뒤 다른 국경을 통해 엘살바도르로 재입국했다.

그런데 거기서 문제가 발생했다. 내 여권에 출국기록이 없는 것을 입국관리관이 문제 삼고 늘어진 것이다. 나는 나에게 책임이 없음을 강조하며 끝까지 잘못을 인정하지 않았다. 뭐라도 구실을 만들어서 돈을 뜯어내려는 수작임이 다 보였다.

"필요한 돈은 지불하겠지만, 당신의 ID를 나에게 보여줘라. 나는 당신의 요구를 도저히 납득할 수 없으니 나중에 내무성에 설명해서 당신이 요구한 돈을 다시 돌려받겠다."

이렇게 말하자마자 관리관은 제 가슴의 ID를 떼어서 책상에 엎고는 보이지 않게 했다. 그가 요구한 금액을 책상에 두고 "이 돈 빨리 가져가고 내 여권 돌려줘."라고 재촉하니 그는 그 돈조차 받지 않고 입국 스탬프만 찍은 후 여권을 돌

수확 풍경. 왼쪽은 수확한 커피체리에서 미숙두를 골라내는 소팅 작업. 미숙두는 아린 맛, 잡미의 원인이 되기 때문에 제거해야 한다. 이 미숙두를 버리지 않고, 가격이 싼 커피에 섞거나 국내 소비용으로 판매하기도 한다.

러주었다.

  이런 트러블은 결코 유쾌한 게 아니지만, 세계를 여행하고 있다는 현실을 실감하게 한다. 냉정하고 단호한 자세로 대처하는 일도 때로 필요하다.

  2000년대에 접어들어 정부와 온두라스커피연구소IHCAFE가 커피 증산계획을 추진한 결과 700만bag(1bag은 60kg)을 생산하는, 중미 최고 생산국으로 약진했다.

  생산량이 증가한 것은 기쁜 일이지만 근본적인 과제, 즉 커피 프로세스 문제는 개선되지 않은 채 그대로이다.

  그곳에서는 전통적으로 생산자가 수확한 커피체리를 수세식으로 가공해 젖은 상태로 파치먼트를 출하한다. 각 농가를 돌며 커피를 집하한 트럭이 물을 흘리면서 산길을 달리는 광경을 자주 보았다.

  발효 후 경과 시간이 들쭉날쭉한 파치먼트가 몇 시간이나 걸려서 건조 탈각 공장으로 오면 한데 섞여 건조장에 펼쳐진다. 이렇게 해서는 품질이 안정되지 않은 커피가 되어버린다. 이러한 방법으로 정제하는 곳은 온두라스와 니카라과 일부뿐이다.

  이전부터 나는 '유통방법을 바꾸는 게 좋겠다'고 조언했다. 하지만 이 방법에 익숙한 농민들이 귀찮다고 여기는 건지, 정제업자가 반대하는 건지 잘 모르지만 좀처럼 바뀌지 않고 있다.

  단 스페셜티 커피를 목표로 하는 생산자들은 각자 제대로 된 프로세스로 정제를 하고 있다.

엘살바도르

Republic of El Salvador
엘살바도르공화국

DATA

수도	산살바도르
면적	2만 1,040km²
인구	639만 6,300명(2024년, UN)
언어	스페인어
민족	스페인계 백인과 선주민 혼혈(84%), 선주민(5.6), 유럽계(10%)
종교	가톨릭
주요산업	경공업(수출용 섬유·봉제산업), 농업(커피, 설탕 등)
통화	미국달러, 비트코인

커피 관련 정보

주요산지	산타아나, 아와차판, 산미구엘, 차라테낭고
총생산량	66만 1,000bag(2019~20년)
생산국랭킹	18위

> **❶ One Point**
> 과거 국립커피연구소의 연구 수준과 농사지원의 활동은 매우 훌륭했지만, 내전으로 완전히 쇠퇴해버렸다. 자질이 뛰어난 국가이니 어떻게든 부활하기를 바란다.

유학하기로 한 대학의 교과일정 때문에, 다니던 고등학교에 부탁해 졸업식까지 기다리지 못하고 출발했다. 1975년 1월 25일 하네다공항을 떠나 하와이를 경유한 뒤 로스앤젤레스에서 1박, 거기서 다시 과테말라를 경유해 1월 26일에 엘살바도르 수도 산살바도르 공항에 내렸다. 나리타공항이 개항하기 전이며, 1달러에 300엔 하던 시절이다.

그때는 공부가 끝나면 바로 귀국해 부모가 운영하는 시즈오카 커피 로스팅 회사를 이어받을 계획이었다. 그러나 이 도항으로 나의 인생은 크게 바뀌고 말았다. 나에게는 라틴의 물이 잘 맞았는지, 그 사이 부모에게 비밀로 한 채 대학을 휴학하고 국립커피연구소(ISIC-Instituto Salvadoreno de Invesigaciones del café)에서 커피 재배의 즐거움에 빠져 두 발을 풍

중미·카리브해 ✈ Central America·Caribbean Sea

'보케론'이라고도 불리는 산살바도르 화산과 산 끝자락에 펼쳐진 수도 산살바도르 풍경. 1976년 이 산에 올랐다.

덩 담가버린 것이다. 그리고 '산지에 남아야 하니 가업을 이을 수 없다'고 선언하면서, 부모님에게 의절 당했다.

먼 나라 일본에서 커피를 공부하겠다고 온 젊은 일본인을 현지에서는 호의적으로 반겨주었다. 엘살바도르는 중미의 작은 나라로 자원도 부족했지만, 중미에서 가장 부지런한 국민성으로 '중미의 일본'이라고 불렸다. 어쩌면 그것도 그들이 나를 반겨준 이유 중 하나였는지 모른

다. 당시 진출해 있던 일본 기업이 현지에 융합해 많은 고용을 창출해내고 있었고, 일본에 대한 인상도 매우 좋았다.

ISIC는 브라질 캄피나스농업연구소 IAC·Instituto Agronomico de Campinaas, 콜롬비아 중앙커피연구소 CENICAFE·Centro Nacional de Investigaciones de café와 함께, 당시 세계 3대 커피연구소로 알려진 곳이었다. 규슈의 절반 정도밖에 안 되는 작은 나라지만, 1975년에는 세계 3위

수확 노동자가 나눈 체리는 등급별로 계량해 대장에 기록하고, 2주 간격으로 대금이 지급된다(좌). 농원의 점심. 주식인 토르티야와 콩을 소금으로 간해서 삶은 프리포레스를 나누고 있다. 농원의 토르티야는 통상 크기보다 3배는 크며 쳉가라고 불린다(중). 소팅된 미숙두, 미성숙두, 청두(우).

커피 생산량을 자랑했다. ISIC의 재배기술과 병충해 구제연구가 발전한 덕이었다. 당시 1ha당 국가 평균 수확량은 세계 1위였다.

ISIC 본부는 산살바도르 서쪽의 산타테클라시티에 있었다. 커피 재배법, 병충해, 품종개량 등을 전문으로 연구하는 부서, 그리고 재배법 전반을 농민들에게 지도하는 부서도 있었다. 그리고 서포터로서 화학분석을 하는 연구소, 도서관, 생산자를 위한 월간 뉴스레터와 기술서, 연구자들의 논문을 인쇄·제본·출판하는 분과도 있었다. 소유 차량도 많아 수리공장과 주유소까지 둘 정도였다.

그 많은 시설 중 특히 내가 좋아했던 장소는 연구소 안에 있던 '품종의 정원'. 여기에는 70종 이상의 커피 품종이 잘 구분돼 자라고 있었다. 아라비카종뿐만 아니라 다양한 커피가 거기에 심겨 있었다. 그 정원에서 나는 품종 공부에 몰두했다. 여기서 채집한 잎 샘플은 지금도 소중하게 보관하고 있다.

유전자 연구부서에서는 이 정원에 심긴 마라고지페와 엘살바도르에서 자란 부르봉 돌연변이종 '파카스' 간 인공교배종을 만드는 실험을 진행했다. 유전자 연구부서에서 연수를 받던 나 역시 이 교배실험에 참여했다. 그것이 1980년대 '파카마라종'이라고 이름 붙어 세상에 나왔다. 나로서는 매우 각별한 추억이 서린 품종이다.

이처럼 훌륭한 환경에서 공부할 수 있었던 것은 내 커피 인생에서 크나큰 행운이었다. 이 시기 커피맨으로서 나의 기초가 다져졌다. 여기서 배운 지식과 경험이 그 후 내가 마다가스카르와 레위

중미·카리브해　Central America·Caribbean Sea

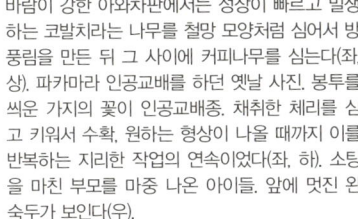

바람이 강한 아와차판에서는 성장이 빠르고 밀생하는 코발치라는 나무를 철망 모양처럼 심어서 방풍림을 만든 뒤 그 사이에 커피나무를 심는다(좌, 상). 파카마라 인공교배를 하던 옛날 사진. 봉투를 씌운 가지의 꽃이 인공교배종. 채취한 체리를 심고 키워서 수확. 원하는 형상이 나올 때까지 이를 반복하는 지리한 작업의 연속이었다(좌, 하). 소팅을 마친 부모를 마중 나온 아이들. 앞에 멋진 완숙두가 보인다(우).

니옹섬에서 절멸종을 발견하고 보존하는 작업으로 이어졌다고 생각한다.

하지만 그토록 활발하던 커피산업이 내전과 혁명 이후의 정세 악화로 쇠퇴하고, 세계 수준의 연구소 역시 아쉽게 문을 닫았다.

내전 중에는 게릴라에 의한 공장 습격과 커피 관계자 유괴행위까지 있었다. 설상가상 농민 교육마저 전무한 데다 대농원 해체 후 실시한 농지개혁 실패로 커피 생산량은 격감하고 말았다. 정부주도 수출 행정 실패도 큰 요인이었다.

현재 커피산업은 민간주도로 바뀌었지만, 생산량은 최전성기의 10% 정도로 주저앉은 상태다. 좋은 커피를 만들 수 있는 자질이 충분한 나라이니만큼, 부흥을 기원하는 마음뿐이다.

웨트 파치먼트 출하 문제는 서서히 개선되고 있다

니카라과

Republic of Nicaragua

니카라과공화국

DATA

수도	마나과
면적	13만 370㎢
인구	714만 2,500명(2024년, UN)
언어	스페인
민족	혼혈(70%), 유럽계(17%), 아프리카계(9%), 선주민(4%)
종교	가톨릭, 프로테스탄트 등. 헌법상 종교의 자유 보장
주요산업	농목업(커피, 우육, 콩, 설탕, 유제품, 피넛), 금 등
통화	코르도바

커피 관련 정보

주요산지	북부 중앙 마타갈파, 히노테가, 북동부 누에바 세고비아
총생산량	288만 2,000bag(2019~2020년)
생산국랭킹	4위

❗One Point

아라비카종 중에서도 큰 알로 알려진 마라고지페는 니카라과도 명산지였지만, 현재는 소멸. 최근 스페셜티 커피 붐을 타고 성실한 재배를 목표로 하는 농가가 늘고 있다.

니카라과 커피연구소 INCAFE 앞으로 보내는 엘살바도르 연구소 소장의 소개장을 들고, 1977년에 처음 니카라과를 방문했다.

1964년에 막 개설된 터라 엘살바도르 연구소와 비교하면 여로 모로 빈약했지만, 소개장 덕분에 매우 친절하게 안내를 받을 수 있다. 그러나 당시 소모사 세습 독재정권에 대한 반정부운동이 일어나고 있어서 '안전을 보장할 수 없는 탓에' 지방 산지는 안내할 수 없다고 했다.

1972년에는 마나과시티를 진원지로 하는 니카라과 대지진이 일어나 수도가 괴멸되고, 많은 사상자가 나왔다. 내가 방문하던 때도 그 흔적이 곳곳에 남아서, 중심부는 폐허가 된 채 도너츠 상으로 재개발이 진행되고 있었다. 전 세계의 원조물자와 지원금을 대통령 일족과

중미·카리브해 　Central America·Caribbean Sea

수확을 마친 커피체리를 앞에 두고 계량을 기다리는 노동자들의 모습이다.

방문했다. 마라고지페를 찾기 위해서였다. 아라비카종으로 제일 큰 키와 잎과 체리를 자랑하는 마라고지페는, 브라질 마라고지페시에서 확인된 티피카의 돌연변이종이다. 이전에는 콜롬비아와 니카라과, 멕시코가 마라고지페 산지로서 유명했지만, 키가 커서 수확하기 어렵고 병해에 약하다는 이유로 언젠가 시장에서 사라졌다.

관련 기업이 착복하는 바람에 국민의 불만이 한층 높아지고 반소모사 활동이 기세를 올리는 시기였다. 연구소가 빈약했던 것은, 지진과 불안정한 내정의 영향이 컸을 것이다.

그러나 니카라과는 중미에서 소고기가 가장 맛있는 나라였다.

거기서 체류할 때 유명 스테이크 하우스인 'Los Ranchos' 마나과 본점에 갔다. 하지만 가게 주변에 군대가 블록을 치고 있어서 들어갈 수가 없었다. 소모사 대통령이 그 가게에서 식사하는 중이라고 했다. 2년 후인 1979년 7월 산디니스타 민족해방전선에 의해 혁명이 성공한 뒤 소모사 대통령과 가족은 파라과이로 망명했지만, 이듬해 혁명정권이 보낸 자객에 의해 암살당했다. INCAFE도 혁명 이후 해체되어버렸다.

2000년대 이후, 니카라과에 몇 차례

실론 섬에서 녹병이 발생하고 100년이 지난 1970년, 브라질에서 녹병 증상이 처음 나타나자 남미 각 생산국은 이 병의 신대륙 상륙을 두고 초긴장 상태에 빠졌다. 게다가 1975년에는 브라질과 비교적 먼 니카라과에서 감염이 확인되며 중미 국가 전체가 패닉 상태가 되었다. 내가 살던 엘살바도르에서도 국경 통과 차량과 사람들의 신발에 살균제를 뿌리며 방역을 했다. 마라고지페가 자취를 감추게 된 것도 녹병의 영향이었을 것이다. 니카라과 농원들이 서둘러 녹병 내성이 있는 품종으로 바꿔 심었기 때문이다.

니카라과 북동부 산지는, 생산자가 웨트 파치먼트로 생두를 출하하기 때문에 품질이 안정되지 않는다. 하지만 최근 스페셜티 커피 시장 진출을 목표로 하는 농가들이 늘면서 정제과정도 빠르게 바뀌고 있다.

에코투어리즘 선진국은 농원의 근무 방법도 훌륭하다

코스타리카

Republic of Costa Rica
코스타리카공화국

DATA

수도	산호세
면적	5만 1100㎢
인구	524만 8,000명(2024년, UN)
언어	스페인어
민족	유럽계 및 선주민과 혼혈이 다수, 중남미계(니카라과계, 콜롬비아계, 베네수엘라계), 자메이카계, 선주민계, 유대인계, 중국계
종교	가톨릭(국교, 단 신앙의 자유 있음)
주요산업	농업(바나나, 파인애플, 커피 등), 제조업(의료기기), 관광업
통화	콜론

커피 관련 정보

주요산지	따라주, 센트럴밸리, 옥시덴탈밸리, 트레스리오스, 브룽카, 투리알바, 구아나카스테
총생산량	147만 2,000bag(2019~2020년)
생산국랭킹	14위

> **❶ One Point**
>
> 에코투어리즘 발상지로 알려진 코스타리카는 중미의 환경 선진국. 메이저 커피 생산국으로 농원의 민주적인 커뮤니티와 노동환경도 주목할 만하다.

수도 산호세 동부 투리알바에 라틴아메리카 최초의 농학 전문대학원인 열대농업연구고등교육센터CATIE가 있다. 세계 각국에서 수집된 커피 품종 유전자를 보존하는 '유전자뱅크'로도 널리 알려진 곳이다. 현재 세계 각국에서 이루어지는 녹병 내성 품종개량 연구에 이곳의 컬렉션이 큰 공헌을 하고 있다.

나 역시 1980년대에 이곳에서 연수를 받으며 폭넓은 커피 지식을 쌓았다.

투리알바에서는 잊을 수 없는 농원을 만났다. 2005년에 방문한 아키아레스 농원이다. 이곳은 SDGs(지속가능발전목표)라는 단어가 생겨나기 11년 전인 당시에도 이를 실행하고 있었다. 당시 단일 농원으로서 코스타리카 최대 규모로, 900ha의 토지에 650ha 커피 밭이 있었다. 2003년에는 발 빠르게 레인포레스트

중미·카리브해 ✈ Central America·Caribbean Sea

아키아레스 농원 내의 마을과 멋진 교회(좌). 커피체리를 무게가 아닌 체적으로 계량하는, 파네가스라고 불리는 코스타리카만의 독특한 방법. 코스타리카의 영향을 강하게 받은 파나마도 같은 시스템이다(우).

얼라이언스Rainforest Alliance·RA(1987년 설립된 열대삼림보호단체) 인증을 취득했다.

자연과 공존하며 환경을 지키자는 흐름이 일고 있지만, 이 정도로 환경친화적이며 민주적으로 운영되는 농원은 세계 어디에서도 본 적이 없었다.

농원 중심부에 조성된 일하는 사람들의 커뮤니티에는 주택은 물론 학교와 교회, 축구장, 마트까지 있었다. 농원주는 1993년부터 적극적으로 농원 노동자에게 집을 갖도록 권유, 토지를 저렴한 가격에 분양하고 건설 자금까지 융자해 주었다. 내가 방문했을 때 그곳에는 379세대 약 1,500명이 살고 있었다.

"만약 노동자가 다른 농원에서 일하고 싶다며 이곳을 그만두면, 집은 어떻게 됩니까?" 하고 묻자 농원주는 당연하다는 듯 "그의 집이니까 거기에서 다니면 되죠."라고 했다.

농원에 묵으면서 저녁 식사 때 그에게서 들은 여러 이야기에 놀라움을 금치 못했다. 주인인 알폰소 로베로 씨는 코스타리카인이 아니라 니카라과인으로 1970년에 이 농원을 취득했다고 한다. 니카라과에서 사업을 하던 그는 독재자 소모사 대통령에게 반기를 들며 혁명을 이끈 투사였다. 1979년 혁명은 성공했고 그는 다섯 명으로 구성된 최고평의회 멤버 중 한 명이었지만, 극좌파 세력이 대두한 정부에 혐오를 느껴 코스타리카로 이주했다고 한다. 그는 자신의 이상에 맞는 커뮤니티를 농원에서 구현해나가는 중이라고 말했다.

온화한 얼굴로 담담하게 이야기를 들려주는 알폰소 씨에게서 과거 산디니스타 혁명전사였음을 떠올리게 하는 과격함은 티끌만큼도 보이지 않았다.

커피 생산국으로서 알려진 것은 최근

파나마

Republic of Panama
파나마공화국

DATA
수도	파나마시티
면적	7만 5517km²
인구	452만 7,900명(2024년, UN)
언어	스페인어
민족	혼혈(70%), 선주민(7%)
종교	가톨릭
주요산업	3차산업(파나마운하 운영, 중계무역, 국제금융센터 등) 제2차산업(광업, 탄광업, 사금)
통화	발보아(동전만), 미국달러

커피 관련 정보
주요산지	보케테, 볼칸
총생산량	11만 4,000bag(2019~2020년)
생산국랭킹	33위

> **! One Point**
> 파나마산 게이샤종이 옥션에서 고가에 낙찰되어 갑자기 유명해짐. 하지만 오래 전부터 커피 생산국이었으며, 잠재력이 높은 나라. 유행에 좌우되지 않는 견실한 생산을 기대한다.

파나마는 오래되고 새로운 산지이다.

커피 재배는 19세기에 시작되었다. 그러나 파나마 운하로 막대한 수입을 올리는 정부로서는 커피산업에 흥미를 느끼지 못했고, 국제시장에서는 그 존재조차 알려지지 않았다. 이전부터 파나마 커피에 관심을 가졌던 나는 1988년 파나마를 처음 방문했다.

수출협회와 연구소 등의 정보를 찾아 수도 파나마시티 농업성을 방문했는데, '그런 건 없으며, 더 조사하려면 500km 떨어진 코스타리카 국경 산지 치리쿠현으로 가라.'는 말을 들었다. 하지만 아무런 연줄도 없는 상황이라 포기하고 돌아왔다. 그 후 하와이에서 코나커피 개발과 매입을 하던 1998년, 파나마 커피 생산자가 내 친구의 안내로 방문을 했다. 단순한 관광인 줄 알았는데 그가 말했

중미·카리브해 ✈ Central America·Caribbean Sea

노베족 여성들이 커피 소팅 작업을 하고 있다(좌, 상). 산 아래로 파나마 커피 중심지 보케테 마을이 내려다 보인다(좌, 하). 파나마 운하는 한 번쯤 볼 만한 가치가 있다. 1914년에 완공한 이 대공사에 많은 아프리카계 흑인과 중국인 노동자가 동원됐는데, 대부분 그대로 정주하는 바람에 이 지역 인종 분포가 바뀌어 버렸다(우).

다. "왜 코나커피가 이렇게 비싸게 팔리는지 조사하러 왔습니다." 그것이 훗날 오래 교류하게 된 고토와 농원주 리카르도 코이나 씨와 첫 만남이었다. "아무리 고품질 커피를 만들어도 제값에 판매할 수 없고, 폐업하는 농장마저 생겼죠. 그래서 코나커피를 공부하러 왔어요."

파나마 게이샤로 스페셜티 커피 지위를 구축한 지금으로서는 도저히 믿기지 않는 이야기이다.

2006년 11월, 파나마 산지 치리쿠현으로 향했다. 국경이 가까워지니 커피체리를 실은 트럭들이 스쳐 지나갔다.

이미 옥션에서 파나마 게이샤가 최고 가격을 받고 있었지만, 게이샤 이외의 커피는 변함없이 팔리지 않아서 브랜드가 있는 코스타리카로 운반하는 것이었다. 치리쿠현의 산지를 한없이 돌아본 후 리카르도가 운영하는 농원을 방문했

다. 환경적으로 잠재력이 높았지만, 정부의 원조가 없는 가운데 생산자 홀로 애를 쓰는 상황이었다. 게이샤 외에 파나마 커피시장을 만들 필요성을 강하게 느꼈다. 이후 내가 독립해 '미카페토'를 만들었을 때, 리카르도 농원의 카투라를 회사가 정한 최고품질인 '그랑크루 카페'로 데뷔시켰다.

파나마는 북미와 중남미에 걸쳐 동서로 긴 나라이다. 동쪽 콜롬비아 접경지역에 '다리엔 갭'이라 불리는 정글도 있다. 끝없이 펼쳐진 원시 숲과 습지로 인해 알래스카부터 아르헨티나까지 종단하는 판아메리칸 하이웨이도 이 구간만은 미개통되었다. 유명한 파나마 운하는 파나마 시내에 있으며, 서부 코스타리카 국경 부근 치리쿠현 고지대가 농업지대이다.

Column

03

역사와 신용을 나타내는 농원 통화

일본에는 거의 소개되지 않았지만,
예전의 중남미 커피 산지에서는 농원이 독자적으로 발행하는 진귀한 '농원 통화'가 있었다.

중남미의 커피 상업재배는 19세기에 본격적으로 시작되었다. 커피는 수확이 끝날 때까지 최종 생산량을 알 수가 없고, 건조를 마친 파치먼트에서 샘플을 꺼내 탈각하고 등급을 매기는 단계를 밟아 소비국과 매매 협상을 마치기 전까지는 그해에 수출 가능한 양이 확정되지도 않는다.

생산국에서는 수출규격품 샘플을 유럽과 미국의 커피회사에 보내는데, 과거에는 모두 배편이었다. 샘플이 도착하면 그제야 수량과 가격 교섭이 시작되지만, 이것도 지금처럼 인터넷 등이 없어서 편지로 주고받는 식이었다. 그렇게 해서 겨우 비즈니스가 성사되면 그때부터 탈각, 정제하여 마대에 넣어 수출한다.

게다가 최종적으로 농원이 대금을 지불받기까지는 다시 또 몇 개월이 걸리기 때문에, 개화부터 계산하면 1년 이상이 지나야 겨우 농원에 수입이 들어오는 것이다. 그 사이에도 농원은 직원과 수확 노동자에게 급여를 주지 않으면 안 된다. 그렇게 해서 만들어진 것이 농원 주변에서만 통용되는 '농원통화boletos'다. 농장주가 급여로 지급하는 농원통화는 주변 마을과 마을의 상점에서도 통화로서 인정해 주었다.

지금처럼 교통망이 발달하지 않았던 시대에, 작은 커뮤니티 단위의 경제 공동

눈으로 보는 것보다도 가벼운 경화. 많이 사용한 듯, 앞면도 오랜 역사를 느끼게 한다.

각각의 농원이 자신들의 모양을 디자인하기 때문에 개성이 있다. 이 통화들을 바라보고 있으면, 이것이 통용되었던 시대의 커피 농원을 상상하게 된다.

체였기 때문에 가능한 일이었을 것이다.

그러다 해외에서 농원에 생두 대금이 지급되면 각 상점이 농원을 찾아와 정식 통화로 환전하는 경제시스템이었다. 다만 신용으로 성립되는 경제이므로, 통화에 따라 상점에서 받아주지 않는 사례도 있었다. 그런 농원은 노동자들로부터 신뢰를 얻지 못하고, 인력 부족으로 쇠퇴하곤 했다.

중남미의 오래된 농원 중에는, 지금도 농원통화를 소중하게 보관하는 사례가 있다. 또 세계 농원통화 컬렉터까지 있을 정도이다.

나는 열정적인 컬렉터는 아니지만, 여러 차례 농원을 방문할 때 신뢰의 증거로서 통화를 선물받는 은혜를 입었다. 그 농원의 역사와 신용, 그리고 커피 비즈니스 변천사를 느끼게 하는 귀중한 증거자료이므로 지금도 소중하게 간직하고 있다.

예전의 명산지에서의 야생의 티피카 부활을 기대해 본다

쿠바

Republic of Cuba
쿠바공화국

DATA

수도	아바나
면적	10만 9,884㎢
인구	1,117만 4,580명(2024년, UN)
언어	스페인어
민족	유럽계(25%), 혼혈(50%), 아프리카계(25%), 모두 추정
종교	원칙적으로 자유
주요산업	관광업, 농림수산업(설탕, 담배, 어패류), 광업, 의료 바이오산업
통화	쿠바 페소

커피 관련 정보

주요산지	관타나모, 산티아고 데 쿠바, 시엔푸에고스
총생산량	13만bag(2019~2020년)
생산국랭킹	32위

> **! One Point**
> 아이티에서 도망간 프랑스인이 커피 재배를 하며 한때는 번성했지만, 국제정세와 허리케인에 의해 쇠퇴. 필자가 발견한 야생화한 티피카를 어떻게든 부활시키고 싶다.

오랫동안 궁금해하던 쿠바 커피 조사를 위해 떠난 것은 2017년 4월이었다. 1980년대에 150km밖에 떨어지지 않은 자메이카에 살고 있었지만, 당시 쿠바와는 국교단절 상태였다.

나는 일본인이어서 가는 건 가능했다. 하지만 자메이카에서 노동 및 이주허가를 받아야 했으므로, 쿠바 방문으로 문제가 생기는 일은 피해야 했다.

자메이카에 있을 때, 일본에서 블루마운틴 커피를 대체할 커피로 쿠바 '크리스털 마운틴 커피'를 활발하게 선전한 터라 흥미를 갖고 있었다. 콜롬비아 '에메랄드 마운틴'도 이미 판매되고 있었지만, 둘 다 실존하지 않는 산 이름이었다.

일본에 일시 귀국했을 때 두 가지 콩을 사 봤다. 에메랄드 마운틴은 콩 표면만 봐도 품종이 달랐는데, 크리스털 마

중미·카리브해  Central America·Caribbean Sea

1939년 개업한 카바레 트로피카나에서는 200명의 댄서가 공연하는 노래와 춤을 즐길 수 있다. 입장권 대신 시가를 주는 것도 쿠바답다.

운틴은 블루마운틴과 같은 티피카였다. 물론 맛은 전혀 달랐지만, 외양이 같으니 일본에서는 블루마운틴으로 판매된다는 말이 나올 정도였다.

2003년 귀국 이후, 언젠가 쿠바에 가고 싶다고 계속 생각하면서 문헌을 모으고 조사를 했다. 그러던 어느 날, 커피집의 유리 케이스 안에 들어있는 크리스털 마운틴이 좀 특이해 보였다. 가짜일 가능성도 있으므로 다른 회사의 것도 확인해 봤는데, 역시나 다른 품종으로 바뀌어 있었다. 이런 발견이 쿠바 커피를 찾는 힌트일 것이라고 나는 생각했다.

신대륙, 즉 남북아메리카 대륙에서 커피(티피카)가 처음 소개된 곳이 카리브해의 프랑스령 마르티니크섬이다. 그곳에서 같은 프랑스 식민지인 아이티로 재배

현재는 국영이지만, 예전에는 프랑스인이 경영했던 농원(상). 사륜구동차로 험한 길을 타고 넘어간다. 진흙탕에 빠져있는 모습을 보면 정말로 이렇게 달릴 수 있을까 생각되지만, 커피 산지에서는 결코 드문 일이 아니다(좌, 하). 산에서 만난 커피 생산자는 이동수단으로 말을 사용하고 있었다(우, 하).

가 확산했고, 아이티는 18세기 세계 유수의 커피 생산지가 되었다. 그러나 18세기 후반부터 19세기 전반에 걸쳐 프랑스 식민정부에 대한 흑인 노예들의 저항운동과 독립혁명이 일었다. 기록에 따르면 '2만 명의 프랑스인이 1만 명의 흑인 노예를 끌고 서쪽 섬 쿠바로 도망갔다'고 한다.

커피 재배 경험이 풍부한 프랑스인들은 쿠바 동부 산티아고 데 쿠바와 관타나모에 농장을 일구었고, 19세기 중반에는 2,000개의 커피 플랜테이션이 들어섰다. 이렇게 쿠바는 최대생산지가 되었다. 그 후 프랑스와 스페인 관계가 악화하며 당시 스페인령이었던 쿠바에서는 프랑스인 배척 운동이 일어났고, 많은 프랑스인이 쿠바를 떠났다. 그러나 일부 남아있던 프랑스인과

중미·카리브해 ✈ Central America·Caribbean Sea

말과 마차는 일반적인 교통수단. 지방에서는 스쿨버스 대신 스쿨 마차를 보기도 했다(좌). 수도 아바나는 오래되고 차분한 도시. 항상 어딘가에서 살사의 리듬이 들려오고 은은하게 시가 향이 흘러온다. 치안도 좋고, 안심하고 걸어 다닐 수 있는 것이 쿠바의 매력 중 하나다(우).

쿠바인 소농가에 의해 커피 재배는 이어졌다. 쿠바 커피가 쇠퇴하기 시작한 건, 브라질이 독립해 대규모 커피 재배를 시작한 뒤 원두 가격이 내려가면서부터다. 여기에 반복되는 허리케인의 피해도 컸다.

그러다 1959년 쿠바혁명이 일어났다. 혁명 전까지 쿠바의 최대 수출국은 미국으로, 총생산량의 64.1%에 달했다. 그러나 이듬해인 1960년에는 1.8%로 급감하며 판로가 막혀버렸다. 이후 미국에 의해 계속된 경제 제재는 이 나라 경제 전반에 지금까지도 악영향을 미치고 있다. 산지로서 살아남은 곳은, 동부와 비교해 허리케인 피해가 적은 수도 아바나 인근 중부였다. 이곳이 나중에 크리스털 마운틴 산지가 된다.

나는 동부 티피카를 부활시키고 싶어서 2017년부터 매년 쿠바에 다녔다. 그러다 관타나모 산중에서 사라진 프랑스인의 플랜테이션을 찾아냈고, 야생화한 19세기의 티피카를 발견했다(이 이야기는 다른 기회에 책으로 써보려고 한다).

크리스털 마운틴 재배지역인 시엔푸에고스주에도 들렀다. 역시 내가 생각한 대로, 재배종이 변해있었다. 티피카는 아예 볼 수 없고, 대부분이 왜성 품종으로 바뀌었다. 1980년대에 섬에 녹병이 돈 것이 원인이었다.

쿠바인은 커피를 매우 많이 마신다. 쿠바 커피로 진하게 내려 설탕을 듬뿍 넣은 뒤 작은 컵에 나누어 모두가 함께 마신다. 처음 마신 것은 미국 마이애미의 쿠바인 거리에서, 친해진 쿠바인에게 커피를 대접받았을 때였다.

리얼 블루마운틴의 맛있음은 각별하다

자메이카

Jamaica
자메이카

수도	킹스턴
면적	1만 990㎢
인구	282만 4,700명(2024년, UN)
언어	영어(공용어), 자메이카 크레올어
민족	아프리카계(92.1%), 혼혈(6.1%)
종교	기독교(개신교, 아르미나),
주요산업	관광업, 공업(설탕, 커피, 바나나 등), 제조업, 건설업, 금융, 보험 등
통화	자메이카 달러

커피 관련 정보
주요산지	세인트앤드루, 세인트토마스, 포틀랜드, 세인트엘리자베스, 클라렌든, 트렐로니 등
총생산량	2만 3,000bag(2019~2020년)
생산국랭킹	43위

> **❗One Point**
> 필자가 현지에 살며 세 개 농원을 개발한 나라. 진짜 블루마운틴 커피는 자신 있게 추천한다. 과거 한때의 품질 저하는 유통 면에서 배려가 없어 발생한 것이다.

잊을 수도 없는 1981년 11월 26일, 자메이카로 이사했다. 일본 커피회사에 스카우트되어 입사한 후, 블루마운틴 커피 농원 개발사업을 위해 주재원으로 부임했다.

이전 해까지 8년간 이어진 사회주의 정권의 경제정책 실패와 특산물 보크사이트 국제가격이 하락하면서, 독립 당시 미국달러보다도 강했던 자메이카 달러는 1.78달러까지 떨어져 있었다. 마트에 가도 진열대의 80% 넘게 비어있고, 방부제 냄새가 나는 고기밖에 없었다. 주말에는 일부러 바다까지 가서 어부에게 직접 해산물을 사와야 했다.

또 치안이 나빠서 강도가 많은 탓에 야간에는 빨간불 신호에도 멈추지 않고 서행했다. 매일 정전과 단수가 반복되는 생활이었다. 솔직하게 말하면, 그전까지

중미·카리브해　Central America·Caribbean Sea

블루마운틴 산맥의 새벽. 새 소리밖에 들리지 않는 정숙함 속에서 맞이하는 농원의 아침은 무엇과도 바꿀 수 없는 순간이다.

살던 엘살바도르에 돌아가고 싶다는 생각을 매일 했다. 내전 중이던 엘살바도르가 더 살기 좋고 먹을 것도 풍부했으며, 신변을 지키는 방법도 알고 있었기 때문이다.

그렇기는 하지만, 자메이카는 지금도 매년 방문하고 있다. 최근에는 마을도 예뻐지고 세련된 레스토랑도 많이 생겼으며 마트에도 물건이 넘쳐난다. 치안도 이전보다 훨씬 좋아진 것 같다. 다만 미국달러 환산만큼은 형편없이 악화해 이 집필 당시 154달러까지 떨어졌다.

블루마운틴 커피는 당시에도 세계에서 가장 비싼 '구르메 커피'라는 대접을 받았다. 이외의 커피는 모두 뉴욕 거래소의 가격에 의해 좌우되었지만, 이 섬의 커피만은 자메이카커피산업공사CIB가 결정한 가격으로 판매되었다.

섬 동쪽 블루마운틴 산맥에서 수확되

카리브해의 푸른 바다와 하얀 모래사장이 그립다(좌, 상). 자메이카인의 일반적인 조식인 키 베리(우, 상). 최고급 블루마운틴을 생산하는 주니퍼피크 농원(좌, 하). 정오가 지나서 발생하는 안개가 블루마운틴 품질을 만든다(우, 하).

는 커피에만 '블루마운틴'이라는 이름을 붙일 수 있다. 섬의 중앙부 두 곳에는 하이마운틴 커피지구가 있고, 그 외 지역에서 재배된 커피가 '자메이카 프라임 워시드'라는 이름으로 판매되고 있었다.

나의 일은 산맥의 남쪽 경사면 2개소, 북쪽 경사면 1개소, 총면적 1,050에이커(420ha)의 농원을 개발하는 일이었다. 도

착하자마자 바로 일을 시작했기 때문에 매일 무전기와 권총과 최루가스와 도시락과 영어사전을 든 채 산맥을 돌아다녔다. 주말에는 다른 농원도 보러 다녀야 했으니 산맥 안에 있는 거의 모든 길을 걸었을 것이다. 그 결과 알게 된 것은 '블루마운틴 북쪽 사면은 석탄암이 많아 품질 면에서 떨어지고, 남쪽 사면 쪽이 토양과 기후상 맛있는 커피를 기대할 수

중미·카리브해 ✈ Central America·Caribbean Sea

테이블식 생두 소팅. 숙련도에 따라 취급하는 등급이 다르다(좌). 커피체리 계량은 체적. 한 상자에 약 60파운드의 체리가 들어간다(우).

있다'는 사실이었다.

마을과 달리 산은 평화로웠다. 산 사람들은 물론 농원의 노동자들과도 친해져서, 이후 마을에도 많은 친구가 생겼다. 그 덕에 나는 '자메이카 클럽'의 정회원에 추천되었다. 영국은 식민지마다 그 나라 이름을 붙여서 사교 클럽을 만들었다. 자메이카에도 '자메이카 클럽'이 있었다. 식민지 시대 이 클럽은 백인만 회원으로 가입할 수 있고, 여자는 출입금지였다고 한다. 독립 후에는 아프리카계 자메이카인도 가입이 가능해졌고, 빨간 양탄자가 깔린 곳에 한해 여성도 출입이 허용된다.

입회 규칙은 매우 까다로워서, 2인 이상 이사의 추천을 받아 이사회에서 결의했다. 다행히 나를 추천해 준 사람이 많아서, 일본인으로는 최초로 회원이 되었

다. 나는 일 때문에 킹스턴을 떠나는 날을 빼고는 매일 자메이카 클럽에서 점심을 먹었다. 여기서 많은 사람과 알게 된 덕에 나의 자메이카 생활은 공사를 통틀어 충실하고 즐거웠다.

이 섬에서 7년 반 동안 생활했다. 그 과정에서 현지법인 책임자로 취임, 매입을 담당하게 되었다. 당시 블루마운틴 커피의 95%가 일본으로 수출되는 상황이라, CIB에서 수입 라이선스를 얻은 일본의 7개 회사가 수량을 확보하기 위해 경쟁을 벌이던 시절이다.

1980년대 커피 비즈니스가 자유화되기 이전, 자메이카 커피산업법 발령 전부터 존재해온 PCSH(농협), 모이홀(농협), 메비스뱅크(정제소)가 이미 기득권자로서 커피체리 매입과 해외 판매 권리를

나의 커피를 만들어주는 샤프 형제와 함께. 30년 가까이 친분을 쌓아 온 친구들이다(좌). 제일 좋아하는 자메이카 요리는 누가 뭐래도 자크치킨과 포크. 일을 마치고 종종 자메이카 친구들과 자크집에 모여, 매운 자크를 안주로 자메이카 맥주 'Red Stripe'를 마셨다(우, 상하).

행사했지만, 그 외에는 CIB 독점이었다. CIB 소유의 워렌포드 정제소 커피가 특히 유명해서, 얼마나 많은 수량을 매입하는지가 나의 중요 과제였다. 매년 수확기가 되면 밭을 돌고, CIB 사무소와 정제공장에 이틀에 한 번은 얼굴을 내밀었다. 이렇게 현장 스태프들과 친분을 만들어 정보를 모았다.

일본시장에서 팔리는 것은 누가 뭐래도 블루마운틴이었다. 하이마운틴과 프라임 워시드는 인기가 없었다. 사정이 이렇다 보니 CIB는 블루마운틴에 하이마운틴이나 프라임 워시드를 끼워서 팔려 했다. 이런 상황에서 블루마운틴 매입 비율을 얼마나 늘리는지가 관건이었다.

컨테이너에 실린 자메이카 커피는 킹스턴 항구에서 출하되어 미국 뉴올리언스에 도착한다. 이후 캘리포니아의 오클랜드까지 열차로 운반된 뒤 거기서 다시 컨테이너 배에 실려 태평양을 건너왔다. 어느 날은 요코하마항에 도착한 자메이카 커피 컨테이너의 안쪽에서 대량의 마리화나가 발견된 일이 있었다. 다행히 타사의 컨테이너라 가슴을 쓸어내렸다. 자메이카의 마리화나 밀매조직이 흔적을 남기지 않고 미국행 농산물의 컨테이너를 열어 마리화나를 적재하는 식으로 농산물 검역 시스템을 무력화시키고 있다고, 자메이카에 주재하던 미국 농무성 친구에게 들은 적이 있다. 아마도 미국 내 이동 중 컨테이너에서 꺼낼 예정이던 마리화나가 조직원들의 실수로 요코하마까지 도착해 버린 듯했다.

현재 하이마운틴 지역은 없어졌지만, 블루마운틴 지구 외에서 수확한 커피 중 품질이 좋은 것을 골라 '하이마운틴'이라

중미·카리브해 ✈ Central America·Caribbean Sea

구석구석 안 다닌 곳이 없는 블루마운틴 산맥. 최고봉 블루마운틴 피크는 화면 중앙 끝 안쪽. 능선으로 보이는 작은 두 개의 돌기 중 왼쪽.

는 이름을 붙이고 있다. 또 CIB 자체도 없어지고, 자메이카농산물규제국JACRA이 커피 규격과 품질관리, 검사 등을 실시하고 있다.

일본에서는 리먼 쇼크 이후 비싼 커피가 팔리지 않으면서 창고에 몇 년이나 방치돼 열화한 블루마운틴 커피가 시장에 유통되었다. 그로 인해 명성은 추락하고, 블루마운틴이 맛있다는 말은 신화가 되었다.

안타깝게도 지금 사람들에게 블루마운틴은 별볼 일 없는 커피로 인식되는 듯하다.

하지만 진짜 블루마운틴은 매우 맛있다. 농원을 개발해 온 나이기에, 자신 있게 말한다.

133

커피헌터와 함께하는 세계 커피산지 여행

예전에는 아이티 국경에서 일본인이 커피를 재배했다

도미니카공화국

Republic of Dominican

도미니카공화국

수도	산토도밍고
면적	4만 8,442㎢
인구	1,143만 4,000명(2024년, UN)
언어	스페인어
민족	혼혈(73%), 유럽계(16%), 아프리카계(11%)
종교	가톨릭
주요산업	관광업, 농업, 광업, 섬유가공, 의료용품 제조, 서비스업
통화	도미니카 페소

커피 관련 정보

주요산지	센트럴 산맥, 네이바 산맥, 바오루코 산맥
총생산량	40만 2,000bag(2019~2020년)
생산국랭킹	23위

❶ One Point

카리브해 유일의 화학비료 공장이 있던 나라. 전쟁 후 일본인이 이민했지만 커피 재배는 조금이고, 대부분 채소 재배에 종사했다. 산토도밍고는 역사적 가치가 있는 건물들의 보고이다.

1983년, 자메이카 현지법인 상사의 수행비서로 도미니카공화국에 처음 갔다. 수도 산토도밍고 일본대사관에 가는 것이 목적이었으므로, 커피 밭에 갈 기회는 없었다.

산토도밍고는 매력적인 마을이었다. 콜럼버스가 1492년에 상륙해 미주에서 처음으로 식민도시 건설에 착수한 곳이다. 그러니까 이 섬에는 '신대륙에서 처음'인 것들이 많다. 예를 들면 요새, 대성당, 대학 등이 남아있어서 오래된 거리를 산책하는 것만으로도 매우 즐거웠다.

그 후 여러 번 도미니카공화국을 방문했다. 커피 조사도 했지만, 또 다른 목적은 비료 조사와 매입이었다. 화학비료 수입에 의존하는 자메이카에서는 외화가 부족하면 수입이 정체할 가능성이 있었다. 실제로 버터가 4개월간이나 마트

중미·카리브해 ✈ Central America·Caribbean Sea

산토도밍고 구도심의 노포 '라 카페테리아'에서. 고풍스러운 레버식 머신으로 에스프레소를 내려준다(사진: 다카하시 아쓰시).

에서 사라지거나 휘발유가 동난다는 소문에 주유소에 긴 행렬이 생기기도 했다. 카리브해에서 유일하게 화학비료 공장이 있는 나라가 바로 이곳. 그것도 회사가 두 개나 있어서, 자메이카 농원에 안정적으로 비료가 조달되도록, 조사하러 간 것이다.

도미니카공화국에는 1956~1959년에 걸쳐 1,300명 넘는 일본인이 이주했는데, 염전의 불모지인 황폐한 토지를 개간하느라 매우 고생했다고 한다. 그중 50%가 귀국하고 30%는 남미로 재이주, 남은 20%의 일본인이 농업을 계속했다.

산토도밍고의 레스토랑에서 여덟 명의 일본인 이주자 1세와 만난 적이 있다. 모두 겨울 채소를 키운 뒤 매주 화물기를 통해 뉴욕 시장에 납품하고 있다고 했다. 커피에 종사하는 사람은 없는지 묻자 아이티 국경 바라오나지구로 이민

구도심 메인스트리트 콘데 입구에서 관광객 상대로 기념품을 파는 길거리 상인(좌, 상). 산토도밍고 구도심 왕궁박물관 앞에 있던 댄서(우, 상). 라 카페테라 가게 안. 어둑한 가게이지만 앉아 있으면 신기하게 차분해진다(하, 좌우).

저렴한 가격으로 사랑받는 라 카페테라의 에소프레소. 예전에는 지식인과 예술가, 출판인들이 이곳에 몰려와 커피를 즐겼다고 한다.

간 일본인이 커피 재배를 하고는 있지만, 다른 지역 이주자들은 벼농사와 채소 농사를 한다고 대답했다. 언젠가 다른 곳도 방문해보고 싶다고 생각했는데, 아직도 이루지 못하고 있다.

도미니카공화국은 자메이카와 멀지 않지만, 카리브해 섬 간 교통은 매우 불편하다. 항공으로 일단 미국 마이애미로 나가는 게 편리할 정도.

이것은 아프리카도 마찬가지여서 영

중미·카리브해　Central America·Caribbean Sea

오스토스 스트리트 언덕은 영화 '대부'의 촬영지로도 알려져 있다. 컬러풀하며 약간 바랜 색감이 마을의 역사를 느끼게 한다.

국령이었던 나라는 런던, 프랑스령이었던 나라는 파리로 갔다가 아프리카로 돌아가는 쪽이 훨씬 편했다.

일본에는 그리 알려지지 않았지만, 카리브해에는 스페인 식민지였던 도미니카공화국과 영국 식민지였다가 현재 영연방에 속한 도미니카국이 따로 있다. 도미니카국은 인구 7만 명 정도의 작은 섬나라이다. 도미니카국에서 자동차 판매회사를 경영하는 영국계 도미니카인이 자메이카에 있는 나를 찾아온 적이 있다. "도미니카국에서 블루마운틴처럼 부가가치가 있는 커피산업을 일으키고 싶어서 상담하려고 왔습니다." 그가 섬의 자연환경과 노동환경, 섬 내 물류와 국제물류를 자세히 설명해 줬지만, 결론부터 말하자면 투자가 낭비로 끝날 것 같으니 포기하라고 조언했던 것을 기억하고 있다.

소박하고 소소하게 재배, 고도가 낮아 환경 면에서도 한계가 있는

푸에르토리코

Commonwealth of Puerto Rico

푸에르토리코 자치연방구(미국자치령)

수도	산후안
면적	8,959㎢(2023년, CIA)
인구	약 330만 명(2023년, CIA)
언어	스페인어, 영어
민족	백인, 흑인, 혼혈 외
종교	가톨릭 외
주요산업	관광업, 제약 등
통화	미국달러

커피 관련 정보

주요산지	라레스, 산세바스찬, 라스 마리아스
총생산량	N/A
생산국랭킹	랭킹 외

> **❶ One Point**
> 수도의 구도시 올드 산후안은 스페인 시대의 건물이 남아있어 아름답다. 커피 재배는, 고도가 낮은 데다 미국자치령이기 때문에 인건비가 비싸 한계가 있다.

자메이카에서 하와이섬으로 전근하고 4개월 후인 1989년 7월, 갑자기 푸에르토리코 커피 현지조사를 떠나라는 명령을 받았다. 일본 본사에 한 업자가 제안하면서 '흥미가 없으면 다른 회사로 가져가겠다'며 재촉했다는 것이다. 자메이카에 7년 반이나 살면서도 인근 푸에르토리코에 갈 기회는 없었고, 거기서 커피를 재배한다는 사실도 알지 못했다.

하와이 코나에서 비행기를 네 번 갈아타고 도착한 수도 산후안은, 마이애미 같은 현대적인 지역과 16세기 이후 스페인이 건설한 역사적 건축물이 남아있는 구시가가 인접해 있었다.

우선 시내에서 커피 정보를 모았다. 농무성의 하부조직인 농업관리사무소 ASA에서 이 나라의 살아있는 커피사전 같은 담당자 호안 A. 기리아니 씨를 만

중미·카리브해 Central America·Caribbean Sea

난 것은 행운이었다. ASA는 생산지 전역에 15개소의 거래소를 두고, 전체 생산량의 70~75%를 사고 있었다.

생산량의 40%가 저급품이며, 규격은 스크린 사이즈 13 이상 A와 그 이하 B로 나뉘었다. 이 사이즈도 커피 국제규격이 아니라, 국내 곡물용이었다.

수출보다 국내소비 위주인데, 생산자를 지키기 위해 수입 커피에는 1파운드(453g)당 일률적으로 1.47USD 세금을 부과했다. 그럼에도 130km 정도밖에 떨어지지 않은 도미니카공화국에서 커피가 밀수되고, 불법노동자도 바다를 건너 온다고 했다. 산토도밍고에는 그들을 위한 푸에르토리코 말투의 스페인어와 습관, 역사를 알려주는 교실까지 있다고 투덜거렸다.

아라비카종(티피카, 부르봉), 카네포라종(로부스타), 드웨브리종(엑셀사) 등 3품종이 재배되고 있었고, 거래가격도 이 순서대로 저렴해진다. 엘셀사는 커피연구소에는 많이 있지만, 상업 재배되는 것은 처음 보았다.

목적지인 농원은 산후안에서 서쪽으로 100km가량 떨어진 라레스시 교외에 있었다. 푸에르토리코에는 해발 1,000m를 넘는 높은 산이 거의 없다. 최고봉인 엘 융케산도 1,080m, 라레스시는 900m 고원의 마을이었다.

생산자는 모두 소박한 사람들이었지만, 품질에 관한 지식과 관심이 낮은 데다 현 상태에 만족하는 수준이었다. 재배환경도 정제기술도, 업자에게 들은 설명과는 영 달랐다. 오래 전 중미에서 사용되던 거대한 밤 굽는 기계 같은 건조기 '바테아batea'가 현역이어서 놀랐다. 기술지도로 품질을 향상해도 환경적으로 한계가 있으며, 미국자치령이어서 물가도 인건비도 비싼 탓에 도저히 생산단가를 맞출 수 없었다. 또 생산자들은 국내시장에서 보호받는 상황이라 나는 '무리해서 일본으로 수출할 일은 없겠다'고 결론지었다.

다만 아름다운 올드 산후안을 가본 것은 축복이었다. 헤밍웨이가 특별히 사랑했다는, 오래된 수도원을 개조한 호텔 '엘 콘벤트'에 투숙한 것은 나에게 버킷리스트 실현이자 잊을 수 없는 추억이 되었다.

산후안 항구를 지키는 산 크리스토파르 요새는 시민의 휴식처. 언덕 끝단에 있는 또 하나의 요새를 바라본다 (사진: 다카하시 아쓰시).

Column

04

세계의 커피 제품

맛있는 커피를 찾아 세계를 여행하던 중 각국 각지에서 '의외의 커피 사용법'을 만났다.
이것도 여행의 즐거움 중의 하나이다.

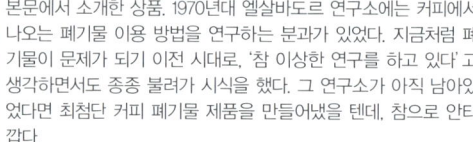

본문에서 소개한 상품. 1970년대 엘살바도르 연구소에는 커피에서 나오는 폐기물 이용 방법을 연구하는 분과가 있었다. 지금처럼 폐기물이 문제가 되기 이전 시대로, '참 이상한 연구를 하고 있다'고 생각하면서도 종종 불려가 시식을 했다. 그 연구소가 아직 남아있었다면 최첨단 커피 폐기물 제품을 만들어냈을 텐데. 참으로 안타깝다.

세계를 여행하는 도중 커피를 사용한 개성적인 제품들도 여럿 만났다. 예를 들면 과테말라 커피 잼. 뮤실리지는 본래 펙틴을 많이 함유하고 있으니, 잼도 가능한 것이었다.

디저트로는 콜롬비아에서 만난 여성 생산자 그룹이 폐기된 커피체리의 과육을 달게 졸인 후 치즈와 섞어 과일을 곁들이거나 과육을 사용한 쿠키를 만들어 팔고 있었다.

알코올로는 브라질제 커피 맥주가 있다. 커피 맥주는 최근 일본에서도 볼 수 있다. 음식 이외의 제품으로는 태국에서 파는 커피 샴푸가 있으며, 브라질에는 커피를 원료로 한 화장품 전문점까지 있어서 놀랐다.

> **Part 1**
> 세계의
> 커피산지

커피헌터와 함께하는
세계 커피산지 여행
남미편
베네수엘라, 콜롬비아, 브라질, 페루

우리와 지구 반대쪽에 있는 남미는 이미 잘 알려진 커피 생산지이다. 세계 최고의 생산량을 자랑하는 브라질과 콜롬비아는 유명하지만, 다른 국가들도 잠재력이 있어서 앞으로 많이 기대하고 있다.

커피헌터와 함께하는 세계 커피산지 여행

안데스 동쪽 산맥은 재배 적합지. 평화가 돌아올 날을 기다린다

베네수엘라

Bolivarian Republic of Venezuela

베네수엘라볼리바르공화국

수도	카라카스
면적	91.2만㎢
인구	2,939만 5,300명(2024년, UN)
언어	스페인어(공용어), 선주민족의 언어
민족	선주민과 백인 혼혈 메스티소와 흑인과 선주민의 혼혈 무라트(51.6%), 백인(45%), 흑인(2%), 선주민(52족. 1%)
종교	가톨릭 외
주요산업	석유사업, 통신업, 부동산업, 제조업(식료, 플라스틱 등)
통화	베네수엘라 볼리바르

커피 관련 정보

주요산지	타티라, 메리다, 투르히조
총생산량	65만bag(2019~2020년)
생산국랭킹	19위

> **❗One Point**
>
> 잠재력은 있지만, 석유에 의존하는 정부는 농업을 지원하지 않고, 생산자도 품질에 대한 의식이 낮았다. 좌파정권의 독재와 경제 파탄으로 커피 재배를 할 여유가 없는 것이 안타깝다.

베네수엘라는 흔히 석유 이미지가 강해서 커피 산지로 생각하지는 않는다. 그러나 콜롬비아 접경지인 안데스 동쪽 산맥은 커피 재배에 적합한 환경이다.

누구에게 받았는지 잊어버렸지만, 베네수엘라산 커피의 밀도가 높아서 흥미로웠다. 이토록 좋은 커피가 왜 세상에 나오지 않는 것일까. 어떤 사람들이 이런 커피를 만드는 걸까. 이 커피를 일본에 소개하고 싶어서, 베네수엘라 방문 기회를 기다렸다.

그러던 1990년 5월, 바람이 이루어졌다. 수도 카라카스는 대도시였다. 중남미에서 처음 고속도로가 만들어진 나라로, 물보다도 휘발유가 싼 자동차의 낙원. 마을 곳곳에 공원이 있고, 나무도 많았던 기억이 난다.

공원의 나무 그늘 벤치에 앉아 휴식을

남미 ✈ South America

주위를 산들이 둘러싸고 있는 주도 산크리스토발은 커피 밭이 있는 산악지대로 가는 거점. 오른쪽에 높게 서 있는 것은 마을의 상징이라 할 수 있는 산호세 교회.

취하는데 인기척이 느껴졌다. 이상하다고 생각하며 위를 올려다보는 순간, 바로 위 나무에 매달린 오랑우탄과 눈이 마주쳐서 화들짝 놀란 일도 있었다.

카라카스에서 국내선을 타고, 타티라 주의 주도인 산크리스토발에 갔다. 거기서 산악지대 산지를 방문했는데, 예상한 대로 눈앞이 콜롬비아의 유명한 커피 산지 노스산탄델현이었다. 몇 군데 농협을 방문해 생산자를 소개받은 후 농원을 둘러보았다.

이 나라도 파나마처럼 막대한 외화를 버는 석유산업이 있으니, 정부는 커피에 아예 무관심했다. 연구소도, 조직다운 수출협회도 없었다. 외부로부터 정보가 전해지지 않는 탓에 생산자도 대충 본 대로 흉내 내서 재배하는 듯했다.

"내가 지도할 테니, 좀 더 품질을 높여서 일본시장에 수출해 봅시다." 각 농협 조합장에게 제안했지만, 누구도 관심을 보이지 않았다.

당시는 일본의 커피 소비량이 증가하던 무렵이지만 세계적으로는 아직 무명의 소비국. 산지에 가면 "일본인이 커피를 마시는가? 녹차만 마시는 거 아닌가?"라고 진지하게 묻던 시절이다. 일본시장에 기대하지 않는 다른 이유도 있었다. 500km나 떨어진 대서양 항구로 운반해 해외 바이어에게 파는 것보다, 육로로 국경을 넘으면 세계적으로 유명한 콜롬비아 중개인이 사주니 그게 편하다고 판단한 것이다.

그럼에도 포기하지 않고 내가 희망하는 품질규격을 전달하며 샘플을 부탁했는데, 끝내 도착하지 않았다. 이후 계속 신경이 쓰이지만 지금 베네수엘라에 중요한 것은 커피가 아니라 정치적 혼란과 국제 원유가격 하락, 가격통제 실패에 따른 경제 파탄이다. 2018년 8월 인플레이션율이 130만%까지 치솟자 700만 명 넘는 베네수엘라인이 더는 견디지 못하고 해외로 나갔다.

인접한 스페인어권 커피 산지에서는 베네수엘라인 노동자가 커피 수확을 하고 있다. 베네수엘라인 난민이 조국으로 돌아가는 날이 하루 빨리 오기를 빈다.

143

커피헌터와 함께하는 세계 커피산지 여행

세 개의 안데스산맥 각각의 미세 기후가 다양한 커피를 만들어낸다

콜롬비아

Republic of Colombia

콜롬비아공화국

수도	산타페보고타
면적	113.9만㎢
인구	5,234만 명(2024년, UN)
언어	스페인어
민족	혼혈(75%), 유럽계(20%), 아프리카계(4%), 선주민(1%)
종교	가톨릭
주요산업	농업(커피, 바나나, 사탕수수, 자가이모, 쌀, 열대과일 등), 광업(석유, 석탄, 금, 에메랄드 등)
통화	콜롬비아 페소

커피 관련 정보

주요산지	윌라, 카우카, 나리뇨, 안티오키아, 산탄델, 노스산탄델, 쿤디나마르카 등
총생산량	1,410만bag(2019~2020년)
생산국랭킹	3위

> **❶ One Point**
>
> 콜롬비아커피생산자연합회는 세계 유수의 규모. 농지는 안데스 각 산맥으로 펼쳐져 있어서, 다양한 커피를 만들어내는 일대 생산국이 되었다.

스페인어로 커피는 카페café지만, 콜롬비아에서 블랙커피는 '빨간'을 의미하는 형용사 틴토Tinto라고 부른다. 미국의 영향을 받은 일본에서는 스트레이트 커피를 블랙이라고 하는데, 정말로 맛있는 커피는 갈색이다. 스페인어로는 일반적으로 레드와인도 틴토라고 부르므로 주의해야 한다. 콜롬비아에서 커피를 시켰는데, 레드와인이 나올지 모르는 일이니 말이다.

콜롬비아에는 세계적 규모를 자랑하는 농업 관련 NGO '콜롬비아커피생산자연합회FNC'가 있다. FNC는 커피 생산자 권익을 대표해 산지 생활개선과 생산기술 향상을 촉진하기 위해, 1927년 메데진에 설립되었다.

현재 56만 세대 생산자가 가입, 국내에서는 기술보급과 커피 생산자 육성프

남미 ✕ South America

대서양에 면한 네바다 산맥(시에라네바다)에는 많은 선주민이 거주하며 커피 재배를 하고 있다. 사진은 아르와코족 마을을 방문했을 때의 풍경이다.

로그램 개발, 여성 생산자 지원 사업 등을 펼쳐나간다.

또 해외에서는 콜롬비아 커피 마케팅과 PR을 적극적으로 실시하고 있다. 도쿄의 메구로역 인근에 FNC 도쿄사무소가 있어서 아시아 및 오세아니아 시장에 대한 지원업무를 담당한다.

이 사무소가 설립된 게 일본의 커피 수입이 자유화되고 일년 후인 1961년이니, 매우 이른 시기부터 일본의 커피 시장성에 주목했던 것 같다. 산하에 국립커피연구센터 CENICAFE, 전국 각지에서 커피 최종정제공장을 운영하며 콜롬비아 커피 품질관리를 하는 '알마카페 ALMACAFE', 인스턴트 커피회사 '카페 부엔디아 Café Buendia' 등을 두고 있다. 또 콜롬비아 커피 전문점 '후안 발데즈 Juan Valdez'를 세계 10개국에서 500개 넘게 운영하고 있다.

커피 운반은 말이나 라바로(좌, 상). 요리용 바나나를 으깨서 튀긴 파타콘과 커피(우, 상). 안티오키아에서 시작된 명물 요리 판데하 파이사(좌, 하). 카우카현의 선주민이 승합버스로 커피를 팔러 왔다(우, 하).

여담이지만 2007년, FNC 창립 80주년 기념으로 전일본커피협회가 벚꽃 묘목 80그루를 콜롬비아에 선물했다. 어떻게 된 일인지 FNC 도쿄에서 '어느 벚꽃이 콜롬비아의 기후에 맞는지 상담을 하고 싶다'며 개인적으로 의뢰를 해서 전 직장 동료이자 현재 커피 어드바이저를 하고 있는 삼봉기 가즈오 씨에게 도움을 받아 나무를 골라 보내주었다. 그

벚꽃이 보고타의 FNC 본부와 킨디오현의 FNC 관련 시설에서 건강하게 자라고 있는 것을 보고 왔을 때는 진심으로 기뻤다.

남미의 지도를 보면, 태평양 측 남쪽에서 북쪽으로 달리는 안데스산맥은, 에콰도르를 거쳐 콜롬비아로 들어가면 서쪽 산맥, 중앙산맥, 동쪽 산맥 등 세 개

남미 ✕ South America

예전에는 수도원이었던 포파얀의 단 모나스테리오 호텔(좌). 고품질 커피를 생산하는 인사의 풍경(중). 콜롬비아 독특한 커피 건조(우).

로 나뉜다. 이렇게 5,000m급 산이 겹쳐진 산맥의 2,300m 이하 지역에서 커피가 자라는데, 당연히 각 산맥 특유의 미세 기후가 만들어진다. 따라서 콜롬비아에서는 일년 내내 어딘가에서 커피가 수확되고 있으며, 지역에 따라 연 2회 수확기가 있을 정도다.

변화가 많은 지형이 콜롬비아 커피의 다양성을 만들어내는 것이다.

내가 콜롬비아를 처음 방문한 것은 1983년경이었다. 출장지인 엘살바도르에서 카리브해의 콜롬비아 섬 산 앤들리스섬으로 들어간 뒤 거기서 다시 카르타헤나를 경유해 보고타에 가는, 엄청난 여정이었다.

게다가 내가 탄 비행기의 기내 앞쪽 절반에는 화물이 적재되어 있었다. 두툼한 밧줄로 짠 가림막은 고정되지 않아 산처럼 쌓인 짐이 그대로 보였다. 난기류에 휩쓸리면 짐들이 객실로 날아오지 않을까, 조마조마할 정도였다.

당시 콜롬비아는 게릴라 조직과 마약 조직이 연계해 정치가와 법집행기관을 표적으로 협박과 살인을 반복하고, 시내에서도 폭탄테러가 빈번하게 발생했다. 오랜 시간 동안 심각한 사회적·경제적·정치적 문제에 시달려온 것이다. 사건에 휩쓸리지 않도록, 수도 보고타에서는 해가 지면 사람들이 거의 움직이지도 않는 조용한 마을이 되었다. 방문할 수 있는 산지도 한정되어서, 콜롬비아에 대한 내 최초의 인상은 최악이었다.

이후 메데진의 마약 조직 카르텔이 섬멸되고 게릴라와 평화협정도 체결되며 방문할 때마다 갈 수 있는 산지가 넓어졌다. 그렇게 이 나라의 커피 잠재력은 점점 더 높아지고 있다.

커피헌터와 함께하는 세계 커피산지 여행

대규모 플랜테이션에 의한 세계 제일의 커피 생산국

브라질

Federative Republic of Brazil
브라질연방공화국

수도	브라질리아
면적	851.2만㎢
인구	2억 1,764만명(2024년, UN)
언어	포르투갈어 외
민족	유럽계(48%), 아프리카계(8%), 동양계, 혼혈(34%), 선주민
종교	가톨릭 약(65%), 개신교(22%), 무교(8%)
주요산업	제조업, 광업(철광석 외), 농목업(설탕, 오렌지, 커피, 대두 외)
통화	헤알

커피 관련 정보
- 주요산지: 미나스제라이스, 상파울루, 에스피리투산투, 고이아스, 바이아, 론도니아
- 총생산량: 5,821만 1,000bag(2019~2020년)
- 생산국랭킹: 1위

> ❶ One Point
> 항구도시 산투스는 역사적으로도 세계 커피 거래의 중심지. 브라질은 세계 제일의 커피 산지다. 거대한 플랜테이션은, 험한 산악지대가 중심인 다른 국가들과 다른 풍경을 지닌다.

어릴 적부터 꿈꾸던 브라질에 처음 간 것은 스물일곱 살이던 1983년. 당시 회사 전무의 수행비서로 동행한 것이었다. 커피 비즈니스의 중심은 상업도시 상파울루가 아니라 거래소가 있는 항구도시 산투스. 수출회사가 줄지어있어서 활기가 넘치고 여기야말로 커피마을이구나, 싶었다. 시내 곳곳에 바르라고 불리는 커피 스탠드가 있고, 설탕이 가득 든 강배전 커피를 데미타스 컵으로 즐기는 '카페지노'를 그곳 사람들이 서서 마시고 있었다. 상담처에서도 강렬하게 달달한 카페지노가 나왔다.

출장 중, 전무가 예정에 없던 수도 브라질리아에 간다고 했다. 당시 세계 커피업계에서 큰 영향력을 발휘하던 브라질 커피원IBC의 총재와 점심 약속이 잡힌 것이다. 다음날 아침 비행기를 탔는

남미 ✈ South America

1922년에 세워진 산투스의 구 커피거래소. 현재는 박물관이 되었고, 카페는 관광객으로 항상 넘쳐난다(상·우, 하). 2층 옥션 홀 천장의 스테인드글라스도 아름답다(중, 하). 몬테세하 언덕에서는 항구도시 산투스를 조망할 수 있다. 사진 안쪽 하구 부근이 적하 항구다(좌, 하).

데, 남아있는 좌석이 모두 이코노미석이어서 전무와 옆자리에 나란히 앉게 되었다. 어렵고 불편한 상사의 수행비서 역할을 해내느라 피곤했는지 앉자마자 피로가 몰려와 잠이 들어 버렸다. 전무가 깨울 때까지 폭풍 수면.

전무는 처음 방문한 산지에서 무슨 생각으로 잠을 자냐고 혼내면서, 21세기 계획도시 브라질리아를 상공에서 제대로 보라고 했다. 창밖을 내다보니 기체가 매우 낮은 고도로 날며 계속 선회했다. 내륙부를 활성화하는 사이 리우데자네이루의 인구가 급속하게 증가하자 브라질은 1960년에 수도를 브라질리아로 이전했다. 아무것도 없던 토지에, 위에서 내려다보면 날개를 편 비행기처럼 계획적인 도시가 들어서 있었다.

브라질통인 전무는 비행기에서 손가

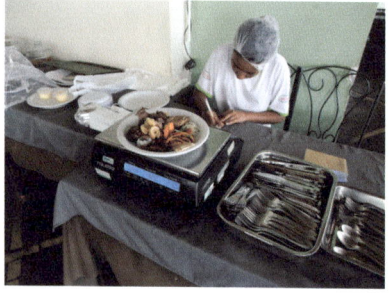

센터 피봇식 밭. 전장 400m나 되는 암(기계팔)으로 커피나무에 관계작업을 한다. 하나의 밭이 약 50ha나 되어서, 암이 한 바퀴 도는 데 하루가 걸린다. 이걸로 액체비료도 뿌릴 수 있다. 하늘에서 바라본 브라질의 대농원이 거대한 원처럼 이어지는 것은 이 기계가 있기 때문이다(우·좌, 상).
브라질의 런치는 킬로그램 단위로 계산하는 '폴킬로'가 일반적. 뷔페 형식으로 좋아하는 것을 접시에 올린 뒤, 측량해 계산한다. 모든 메뉴가 맛있어서 매일 과식했었다(좌, 중·하).

락으로 가리키면서 이런저런 설명을 해주었지만, 처음 보는 브라질리아는 나에게 복작거리는 도시로밖에 보이지 않았다. 한참을 선회하던 비행기가 겨우 착륙했고, 안내방송이 흘러나왔다. "브라질리아에 호우가 내려 착륙할 수 없으므로 코이아니아에 도착했습니다. 터미널에서 대기해주십시오."

터미널로 이동해서도 전무의 얼굴을 볼 수가 없어 입을 다문 채 발끝만 내려다보는데, 상사가 다시 호통을 쳤다. 미팅에 맞출 수 있도록 뭐라도 하라는 지시였다. 터미널 안을 뛰어다니며 정보를 모았다. 브라질리아까지 250km나 떨어져 있다는 것을 알고는 맥이 풀렸지만, 가까스로 택시를 잡아 브라질리아로 향했다. 우리 상황을 전해 들은 운전기사는 열심히 속도를 냈다.

남미 ✈ South America

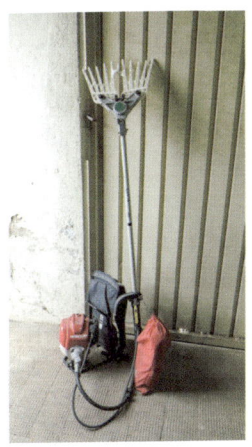

소농가용 기계수확기 파파가죠. 갈고리 끝이 좌우로 움직이며 체리를 떨어뜨린다(좌). 관능시험용 커피를 배전하는 샘플 로스터(중). 하루 수백 잔씩 관능시험을 하는 수출회사에서는, 바닥에서부터 끌어 올린 주유소 노즐 같은 호스로 컵에 열수를 붓는다. 처음 봤을 때 브라질의 스케일을 실감했다(우).

당시 브라질에서는 일본계 이민 1세인 니시무라 준지 씨가 세계에서 맨 처음 자동주행식 커피 수확기를 막 발명한 때였다. 따라서 농원에서는 아직 많은 노동자가 손으로 체리를 따고 있었다.

이후 기계가 널리 보급되며 브라질 커피 생산량은 비약적으로 증가했다. 기계 사용을 위해 밭의 형태도 바꾸고 묘목 재식 밀도도 높여, 효율적인 농업이 가능해졌다.

커피 수출방식도 이전과 달라졌다. 1960년대 후반에 컨테이너 수송이 보급되기 이전 브라질에서는 배 바닥에 마대자루를 깔고 커피를 싣는 '벌크 적재'가 주류였다. 그러자면 적재와 적하에 시간과 손이 많이 가고, 습기와 해수로 손상되는 일도 빈번했다.

컨테이너 배가 등장하면서 방식이 바뀌었지만 내가 브라질을 방문할 당시에는 벌크 적재가 일부 남아있었다.

브라질에서는 대농원을 파젠다, 소농원을 시티오라고 부른다. 명확한 기준은 없지만, 파젠다는 광대한 토지에 복수의 작물을 재배하고 기계화된 관리체제를 갖춘 곳이다. 반면 시티오는 작은 가족 경영이다. 그러나 소규모라고 하더라도, 대부분 10ha 정도의 밭이다.

소규모 생산자는 값비싼 자주식 수확기를 사용할 수 없다. 그래서 갈고리 끝이 진동하는 '파파가죠'라고 불리는 기구로 지면에 깔아 둔 시트 위로 체리를 떨어뜨려 모은다.

브라질은 토지의 경사가 적어 기계화에 적합하다. 또 녹병 내성 품종개량도 활발하게 이뤄지고 있다. 한 브라질 연구자는 나에게 10년 뒤에는 메인 재배종이 모두 바뀔 수도 있다고 이야기했다.

커피헌터와 함께하는 세계 커피산지 여행

과거의 명품, 찬차마요로 알려진 잠재력이 높은 국가
페루

Republic of Peru
페루공화국

수도	리마
면적	129만km²
인구	3,467만 3,400명(2024년, UN)
언어	스페인어, 그외 선주민의 언어 다수(케추아어, 아이마라어 등)
민족	메스티소(60.2%), 선주민(25.8%), 백인계(5.9%), 아프리카계(3.6%), 그외(중국계, 일본계 등 4.5%)
종교	가톨릭(81%), 개신교(13%), 그외(6%)
주요산업	제조업, 석유광업, 상업, 건설업, 농업
통화	페루 누에보 솔

커피 관련 정보

주요산지	카하마르카, 아마조나스, 푸닌, 쿠스코, 부노
총생산량	383만 6,000bag(2019~2020년)
생산국랭킹	10위

> **❶ One Point**
> 북부, 중부, 남부 모두 기대되는 산지. 스페셜티 커피의 파도에 늦게 올라탄 감이 있지만, 높은 잠재력을 살려 꼭 만회하기를 기대한다.

페루의 찬차마요는 과거 일본에서 잘 알려진 커피였다.

그러나 1970년대 후반 극좌 무장조직 센데로 루미노소가 안데스산맥을 장악한 뒤 커피 농장주를 협박하고 유괴하는 행위가 계속되었다. 소농가 커피마저 출하할 수 없게 되면서 페루의 찬차마요는 시장에서 사라져버렸다.

1990년대에 후지모리 대통령이 테러에 굴하지 않는 정책을 편 덕에 안데스산맥에 평화가 찾아오고 커피산업도 부활했지만, 현재의 스페셜티 커피 붐에는 많이 뒤처진 감이 있다.

페루는 콜롬비아보다도 큰 나라이다. 본래 가능성이 큰 생산국으로 2019~2020년 세계 생산 순위에서도 10위에 들었다.

남미 South America

2012년부터 나의 커피를 만들어주고 있는 북부 촌타리 마을의 아라디노는 훌륭한 생산자이다. 사진은 2019년 7월 방문했을 때, 새롭게 심길 예정인 고도 2,000m의 밭에 아라디노와 함께 올랐다(좌). 코로나가 종식되고, 4년 만인 2023년 6월 재방문했는데 밭의 오른쪽 사진처럼 많이 변해있었다.

산지는 크게 나눠 신흥 북부, 오래된 산지 중부, 소농가가 많은 남부가 있다. 앞으로 기대가 되는 산지이다.

나는 2011년 11월에 처음 페루를 방문했다. 엘살바도르에서 직항으로 리마에 가서, 거기서 북쪽 치클라요 공항으로 이동한 후 육로로 안데스산맥을 넘어 북부 커피 집적지 하엔으로 향했다. 지금은 리마에서 하엔으로 가는 직항이 있어 매우 편하지만, 당시에는 치클라요에서 3,000m급 산을 넘어 7시간이나 가야 하는 길이었다.

안내해주던 수출업자로부터 불안정한 치안에 관해 들었다. 커피 국제가격이 급등하면 산지에서 리마나 항구로 향하는 트럭이 컨테이너째 강도를 당하기 때문에 GPS를 달고 다닌다고 했다.

정비 불량한 트럭이 급경사 도로에서

153

산길에 전복된 트럭(좌, 상). 안데스를 넘으니, 푸른 하늘과 설산. 야생 알파카가 맞아주었다(우, 상). 독일인이 발명한 건조기(좌, 하). 도로 옆에서 건조하고 있는 커피(우, 하).

자주 고장을 일으킨다는 말을 들은 직후에는 트럭이 미끄러져서 파치먼트 커피가 마구 흩어진 현장을 마주치기도 했다.

하엔에서 더 나가 에콰도르 국경 근처 마을까지 가서 농가를 방문하니, 주민들이 대환영을 해주었다. 그리고 안데스의 단백질이라고 불리는 쿠이(기니피크)를 대접받았다. 농가마다 쿠이를 키우고 있는데, 나를 위해 요리를 해준 것이다. 처음 먹는 쿠이는 기름이 강한 사사미 같은 질감으로 매우 맛있었다.

시즈오카에서 로스팅 회사를 운영하던 아버지가 '예전의 찬차마요 커피를 다시 마시고 싶다'고 하시던 말이 계속 머릿속에 남아있었다. 내가 중부 산지 찬차마요현에 갈 수 있었던 것은, 세 번째 방문 때인 2014년 6월이었다. 거리

남미 South America

찬차마요 커피 마을. 비자리카 입구에 서 있는 거대한 마키네타(좌). 농가의 부엌. 사진 오른쪽 안쪽 벽면에 먹기 위해 키우는 쿠이가 보인다(중). 세비체는 그것만으로 메뉴가 한 페이지를 차지할 정도로 종류가 많다. 옥수수와 감자도, 그 종류의 다양함에 압도된다(우).

로 하면 수도 리마에서 360km이지만, 5,000m급 안데스를 넘는 10시간은 그야말로 감동적인 여행이었다.

연안부 리마를 출발해 산길을 오르니, 나무 등 환경과 풍경이 바뀌기 시작했다. 도중에 산악열차와 지나쳤고, 고도가 높아질수록 쌓인 눈이 보이며 약간의 고산식물만이 자랐다. 5,000m 계곡에는 짙푸른 거대한 연못이 몇 개나 있고, 알파카 무리와도 마주쳤다. 저녁에 고도 2,000m 커피 중심지 비자리카 마을에 도착했다.

이 마을에서 만난 커피 관계자는 대부분 독일계 이민자의 후예였다. 19세기 후반부터 20세기 전반에 많은 독일인이 페루로 이민을 왔다. 그중에서도 안데스를 넘어 비자리카에 이주한 그룹이 커피 재배에 나섰다.

커피 지식이 없으니 재배도 정제도 어려웠지만, 근면한 독일인들은 창의력을 발휘해 문제를 해결해 왔다고 한다. 그 사실을 내 눈으로도 보고 확인할 수 있었다. 다른 산지에서는 볼 수 없는 파치먼트 건조기가 있었다. 시대가 흘러 3세, 4세가 되도록 독일어가 남아있는 것도 매우 인상적이었다.

페루는 문화적 미식, 가스트로노미로도 유명하다. 리마에는 세계적으로도 톱랭킹에 드는 레스토랑이 여러 개 있다. 또 감자와 옥수수 원산지로 그 종류도 풍부하다. '아마존 서쪽 산물은 리마로 모이고, 동쪽 산물은 상파울루로 보내진다'는 말이 있을 정도다. 여기에 더해 리마는 해산물의 보고이며, 세비체로도 유명하다. 그래서 페루 출장은 식사도 너무 즐겁다.

Column

05

각국 각지의 음용법, 추출법

각국 특유의 커피 음용법을 아는 것만으로도 즐거워진다.
품질이 좋은 콩은 수출되기 때문에 산지에서는 아무래도 맛있는 것을 만나기 힘들지만,
특유의 커피문화를 느낄 수 있다.

콜롬비아 농가에 가면, '반드시' 라고 해도 좋을 정도로 커피와 과자를 함께 대접한다.

아프리카 대륙 동쪽에 떠 있는 섬 마다가스카르에서는 통 안에 천이 들어있는 드리퍼를 사용하고 있었다. 중남미 중 브라질에는 목재 스탠드와 융 드리퍼. 코스타리카에는 목재 스탠드와 융 드리퍼도 있지만 초레아도르Chorreador라는, 드리퍼와 서버가 일체화된 페이퍼 필터도 있다.

쿠바에서 발견한 것은 철로 만든 스탠드에 융 필터. 콜롬비아는 시골로 가면 융 드립이지만, 사탕수수를 짠 물을 가열해 만든 '파네라(꿀이 들어간 설탕)'를 열수에 녹여서 커피를 추출하는 파네라 커피가 맛있다.

마시는 방법으로 말하자면, 콜롬비아뿐만 아니라 미얀마에서도 커피에 라임을 곁들여 줘서 놀랐다. 남미와 동남아시아는, 지리적으로 매우 멀리 떨어진 지역이다. 그럼에도 불구하고 닮은 음용법이 존재한다는 게 매우 흥미로웠다.

세계 각지를 여행하다 보면 국내에서 볼 수 없는 추출방법과 음용법이 다수 존재한다. 먼저 추출부터 소개한다. 전통적으로 드립을 하는 나라는 많지만, 사용하는 기구는 제각각이다.

1. 마다가스카르의 유니크한 통필터. 2, 3. 페루 파사도르 데 카페와 그 추출. 4, 5. 콜롬비아 파네라 커피는 대형 필터로 내린다. 파네라는 사탕수수를 짜서 가마에 끓여 만든다. 6 미얀마의 라임커피. 7 자메이카의 연유 커피. 8 등에 탱크를 짊어진 콜롬비아 커피 판매원과 나.

또 익스트랙트 커피는 페루에서 자주 볼 수 있는 음용법이다. 파사도르 데 카페Pasador de café라고 불리는 법랑 드리퍼와 서버로 매우 진한 커피를 추출한다. 그것을 간장병 같은 병에 넣어두고는, 커피를 마실 때마다 컵에 따른 후 각자 마시는 사람의 취향에 맞게 물을 부어 섞는 방식이다.

자메이카에서는 커피에 연유를 넣어서 마신다. 회사와 집을 방문할 때, 특별히 말하지 않으면 자동적으로 이 커피가 나온다. 오래된 방법으로 여기에 한 꼬집의 소금을 넣었다고 한다. 단맛을 높이기 위함이었다.

그런가 하면 남미의 커피 산지인 콜롬비아와 엘살바도르, 과테말라 등의 거리에서는 등에 보온 탱크를 짊어지거나 카트를 싣고 커피를 파는 사람도 많이 볼 수 있다.

Part 2
좀 더 알고 싶은 맛있는 커피

이번 파트에서는 일반적으로 막연하게 여겨질 수 있는 맛있는 커피가 실제로 어떤 과정을 거쳐서 완성되는지, 무엇이 맛에 영향을 주는지를 해설한다. 커피는 재배·수확·정제·수송·보관 등 각 단계에서 신선식품처럼 적절히 관리할 필요가 있다. 그런 속성 때문에 '커피는 과일'이라고 말하는 것이다.

수확 방법의 차이와 그 영향

자동주행식 수확기는 밭 만드는 방법과 품종개량에서 변화를 몰고 왔다

수확 방법으로는 손으로 따는(핸드 피크) 것과 기계 수확(메커니컬 하베스팅)이 있다. 우선 오래 전부터 행해진 손 수확부터 설명한다. 손 수확은 그 방법과 목적에 따라 세 종류로 나뉜다.

- **선별 수확** 숙성된 체리만을 수확. 고품질 커피 밭에서 이루어진다.
- **훑어서 수확:** 가지를 훑어서 수확하는 방법으로, 커머셜(보급품) 커피 밭에서 이루어진다.
- **스트리핑:** 수확기의 마지막에 남은 체리들을 전부 훑어 따는 것. 이는 커피베리보러CBB라고 하는 해충이 체리 안에서 다음 수확기까지 살아남는 것을 막기 위한 방충 대책이기도 하다.

커피 꽃은 몇 차례에 걸쳐 피고, 개화와 같은 순서로 체리가 익어간다. 재배 환경이 좋고 부가가치가 높은 커피를 생산하는 농원이라면 잘 익은 체리만을 선별해 수확하지만, 커머셜 커피를 생산하는 농원에서는 어느 정도 익은 단계에서 훑어서 수확한다.

스트리핑은 매우 중요한 작업으로, 차기의 CBB 발생을 감소시키며 농약 감소에도 효과적이다.

참고로 선별 수확하든 훑어서 수확하든, 일반적으로 산지에서는 수확량에 비례해 노동자의 임금을 지급하는 게 보통이다.

선별 수확을 해도 100% 잘 익은 체리만 따는 것은 불가능하므로, 수확이 끝난 후 다시 미숙두를 골라내는 작업을 해야 한다. 따라서 농장주는 완숙두 비율을 높게 설정해 미숙두를 수확하지 않도록 조치한다.

스트리핑은 애초 양이 적고 노동 강도도 약하기 때문에 일당 지불 방식으로 작업이 이루어진다.

수확 방법의 차이와 그 영향

마우이섬의 자동주행식 수확기. Jacto사 제품은 아니다(좌). 완숙두만 정성스럽게 손 수확하는 작업(우).

그런가 하면 기계 수확에도 두 가지 방법이 있다.

- **자동주행식 수확기**
- **핸디 수확기**

1970년 브라질의 일본계 농기구회사 Jacto가 자동주행식 수확기를 개발할 때까지, 커피 수확은 모두 사람 손에 의존했다. 브라질 노동자가 하루에 수확할 수 있는 양이 250L였던 것에 반해 이 자동주행식 수확기 'K3'는 한 시간에 4,000L 수확이 가능했다. 그 후 개량이 거듭되어 최신 기종은 시간당 최고 1만 4,000L까지 수확이 가능하다.

자동주행식 수확기 출현으로 밭 조성 형태가 바뀌고, 품종개량도 이 기계에 맞추는 상황이 가속화됐다. 이로 인해 브라질 커피산업은 비약적인 발전을 이루었다. 그러나 이 기계는 브라질의 모든 농원에서 사용할 수 있는 것은 아니다. 매우 고가인 데다 급경사면에서는 사용할 수 없다. 따라서 평평하고 완만한 경사의 대농원에서 주로 사용하고 있다. 이전에 호주에서 커피를 재배하던 때에는 이 기계를 사용했었다.

현재 하와이섬을 제외한 하와이 모든 섬의 대농원에서 자동주행식 수확기를 사용하고 있다. 하와이는 인건비가 높아 손으로 수확하면 타산이 맞지 않는다.

기계 수확이 익숙한 브라질에서 손 수확은 매우 드물다. 소농가와 경사면에 있는 소농가에서도 파파가죠라 불리는 핸디 수확기를 사용하고 있다. 손잡이에 2사이클 엔진이 부착돼 기계 끝에 있는 갈고리를 좌우로 빈번하게 진동시켜, 가지에서 체리를 떨어뜨린다. 나무 아래에는 미리 거대한 시트를 깔아두고, 떨어진 체리를 나중에 주워 모은다.

프로세스(정제방법)의 종류와 맛

정제방법에 따라서도 맛은 크게 변한다

수확한 커피체리를 생두로 만드는 공정은 크게 둘로 나뉜다. 체리에서 건조된 커피(파치먼트)를 만드는 '웨트밀'과 건조된 것을 생두로 만드는 '드라이밀'이다.

1. 웨트밀

체리를 어떻게 건조하느냐에 따라 풍미는 크게 바뀐다(최근에는 혐기성 발효와 이스트 발효 등으로도 불리는 특수한 방법도 나오긴 했지만), 여기서는 기본적인 프로세스를 소개한다.

어떤 프로세스든 우선 체리를 물에 담가 물 위에 뜬 것과 가라앉은 것을 선별한다. 물 위에 뜬 체리는 품질이 떨어지기 때문에 국내소비용으로 돌린다.

• 언워시드 · 내추럴

커피체리째 건조하는 방법으로, 가장 고전적인 프로세스다. 19세기 중반 영국인이 워시드를 발명하기까지는 이 방법밖에 없었다. 기계와 설비 투자가 적고 손이 많이 가지 않기 때문에, 로부스타종 생산국과 브라질에서 주류를 이룬다.

이전에는 언워시드라고 불렀지만, 최근에는 '내추럴'이라고 한다.

나는 커피체리를 기계 건조하는 대량 생산형 커피를 언워시드, 시간을 들여 천일건조하는 커피체리는 내추럴이라고 구분해서 부른다.

건조과정에서 과육과 뮤실리지의 풍미가 파치먼트(내과피)를 통과해 콩에 침투하기 때문에 매우 푸르티하고 와이니하며 단맛이 나는 것이 특징이다. 그렇지만 기술 없는 생산자가 만들면 썩은 간장 같은 냄새가 나서 마실 수 없는 커피가 되고 만다. 언워시드는 내추럴에 비해서 푸르티함이 떨어진다.

프로세스(정제방법)의 종류와 맛

건조한 콩 비교. 앞쪽부터 안쪽 순서로 내추럴, 세미워시드, 워시드. 원래는 모두 같은 나무에서 수확한 커피체리다(좌).

산세바스티안 농원의 건조장. 앞쪽이 세미워시드, 왼쪽 끝이 내추럴. 우측 끝 안쪽이 워시드 건조 중(우).

• **워시드**

과육과 뮤실리지를 파치먼트에서 제거한 후, 물로 씻어 건조하는 커피를 말한다. 마실 때 깔끔하며 커피 본래의 산미를 즐길 수 있다.

• **세미워시드 · 펄프드내추럴 · 허니**

이들은 과육을 제거한 후 '파치먼트에 뮤실리지가 붙은 상태'에서 건조하는 커피를 말한다. 이 제법을 브라질에서는 펄프드내추럴이라고 부르며, 그 외 생산지에서는 세미워시드 또는 허니 프로세스 등으로 부른다.

산뜻한 푸르티함이 있으며 정말로 실력 있는 생산자가 만들면 밀크 향이 나온다. 또 수마트라섬의 세미워시드는 '수마트라식'이라고도 불리는데, 과육을 제거하고 뮤실리지가 붙은 상태에서 반나절 정도 건조, 반건조 상태에서 파치먼트를 탈각한 생두를 다시 건조하는 독특한 방법이다.

2. 드라이밀

어떤 웨트밀을 거쳤든, 이후 공정은 다 똑같은 방식으로 탈각(과피 또는 파치먼트)을 한다. 그다음에 풍력 선별, 사이즈 선별, 밀도 선별, 메커니컬 소팅(기계로 결점두를 제거), 핸드 소팅(손 선별로 결점두를 제거)이라는 작업을 거쳐 수출된다.

각 선별 공정에서 허용량을 늘릴지 줄일지는, 바이어에 의해 결정된다. 허용량을 늘리면 가격은 싸지고, 품질은 떨어진다. 핸드 소팅을 할지 말지도 바이어가 결정한다.

좋은 커피가 비싼 건 그만큼 손이 많이 가기 때문이다. 또 각 공정에서 제거된 콩은 재선별 후 등급을 나눠 판매한다.

결점두 구분방법과 맛에 끼치는 영향

맛을 떨어뜨리는 결점두를 제거하면
커피는 더 맛있어진다

쌀을 사서 봉투를 열었을 때 벌레 먹은 쌀이나 쪼개진 쌀이 들어있으면 화가 난다. 그렇게 품질이 떨어지는 쌀은 아무리 공들여 밥을 지어도 맛있지 않다는 걸 우리는 모두 알고 있다.

커피도 똑같다. 한데 많은 이들이 별로 신경 쓰지 않는다. 신경 쓰지 않는다기보다, 그것이 당연하다고 생각하는지도 모른다. 이렇게 문제 있는 콩을 '결점두'라고 부른다. 결점두는 확실히 맛을 떨어뜨린다.

한 그루 나무에서 수확하는 콩 모두가 같은 크기와 형태는 아니다. 거대한 콩과 작은 콩이 있고, 안타깝게 벌레가 먹어버린 콩도 있다. 또 영양부족이나 병에 걸려 변형된 콩도 있다. 미숙 상태에서 수확된 결점두는 잡미나 떫은맛의 원인이 된다. 수확 후 정제과정에서 기계에 끼어 눌리거나 상처가 난 결점두도 있다. 균일하게 건조하지 못하거나 건조 후 보관상태가 나빠서 습기를 머금은 콩도 맛을 나쁘게 한다.

이렇듯 결점두에는 다양한 종류가 있으며, 그 결점의 내용에 따라 어디서 문제가 발생했는지도 알 수 있다. 커피는 출하 전 최종 정제작업에 들어가는데, 얼마만큼 엄밀하게 행할지 결정하는 정밀도는 '프리퍼레이션'에 따라 바뀐다.

프리퍼레이션이란 콩의 사이즈, 밀도, 결점두 함유량을 가리킨다. 즉 품질의 규격을 말한다.

싸게 구매하고 싶으면 프리퍼레이션을 느슨하게 하면 된다. 결점두 허용량이 늘면 소위 '일드율 yield rate(수율, 총량 중 합격품 비율)'이 낮아지기 때문에 생산자는 저렴하게 제공한다. 반면 품질은 떨어진다. 즉, 아무리 좋은 환경에서 잘 키운 커피체리라도, 이 프리퍼레이션 설

깨끗하게 로스팅한 원두

깨끗한 생두

입자가 고르고, 결점두 혼입이 없는 원두. 이 아름다움을 기억해서 기본으로 삼으면 좋겠다.

주요 결점두 사례

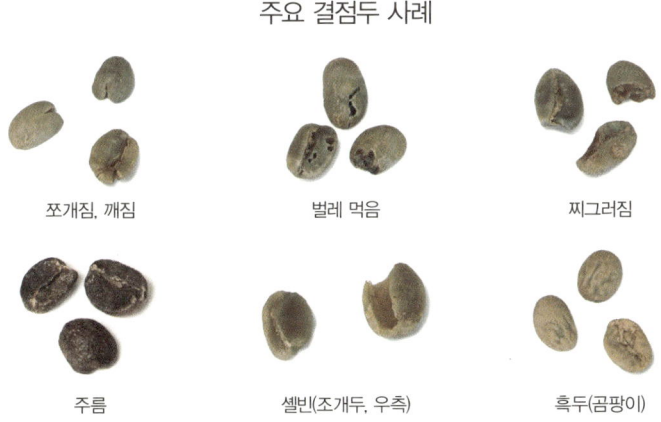

쪼개짐, 깨짐 　　　　벌레 먹음 　　　　찌그러짐

주름 　　　　셸빈(조개두, 우측) 　　　　흑두(곰팡이)

정 여하에 따라 품질은 극과 극으로 바뀌어버린다. 가령 고급품으로 알려진 블루마운틴 커피라고 해도, 싸게 구매해 프리퍼레이션이 나쁘다면 그에 상응하는 맛밖에 기대할 수 없다는 말이다.

그러므로 여러분이 항상 사용하는 콩을, 하얗고 큰 접시나 커피용 시트에 펼쳐서 한번 보기 바란다. 쌀이라고 생각

하고 관찰하며 정상적인 형태와 결점두를 나누어 보면 어떨까 싶다. 항상 마셔 온 커피가 어느 정도의 프리퍼레이션인지 알 수 있을 것이다.

결점두를 잘 제거하면 커피는 한층 맛있어진다. 그보다 좋은 것은 좋은 제품을 사는 것이다.

묘목 만들기와 교배에 대하여

전문적이지만
커피가 자라는 과정도 알아두면 좋다

우선 묘목에 대해 설명을 해보자.

1. 실생実生 일반적으로 씨를 심어, 싹을 틔워서 묘목을 만드는 방법.

2. 꺾꽂이押木 주간(줄기)에서 자란 주지(가지)의 중간에 힘있게 자라는 굵고 튼튼한 주지를 골라 잎이 붙은 상태에서 5cm 정도 길이로 잘라 '삽목'을 준비한다. 잎은 쐐기형으로 자르고 가지 끝부분은 흡수를 잘 할 수 있도록 비스듬하게 자른다. 이를 살균한 모래땅에 꽂아 뿌리를 내리게 하여 묘목을 만든다.

3. 조직배양組織培養 잎의 조직을 따서 배양해, 묘목을 만드는 방법이다. 묘목은 1의 실생으로 만드는 방법이 일반적이지만, 실생은 수확 기간 중 채취용으로 고른 나무에서 체리를 따 종자를 만들기 때문에 오래 보관해 선도가 떨어지면 발아율에 영향을 준다. 또 100% 부모와 같은 나무가 된다는 보장이 없다. 이에 반해 삽목(꺾꽂이)과 조직배양은 연중 언제라도 가능하며 원래 나무의 클론을 만든다는 이점도 있다. 다만 조직배양에는 전용 설비와 기술자, 안정된 전력이 필요하므로 비용이 많이 든다.

4. 접목接木 다른 품종 묘목끼리 접목시켜 목적에 맞는 묘목을 만들어낸다. 아라비카종은 토양 선충에 매우 약하다. 예전에는 전용 농약을 뿌렸지만, 맹독성이라 현재는 사용하지 않는다. 대신 선충에 내성이 있는 로부스타종 대목(뿌리와 줄기)을 사용해, 아라비카종을 접목(줄기와 잎)함으로써 묘목을 만든다. 토양의 상태가 나빠서 뿌리를 잘 내리는 로부스타종을 대목으로 사용하거나, 베트남처럼 수확량 증가를 위해 접목하는 사례도 있다.

삽목으로 발아한 주지. 삽목할 때, 이렇게 잎의 선단을 쐐기형으로 자르는 것이 포인트(좌). 오른쪽부터 꽃이 피고, 열매가 맺고, 잘 익어간 후, 종자가 되어 발아하고, 떡잎이 나오고, 생장하는 순서(우).

커피나무의 품종을 이야기하기 위해서는 교배에 대해 아는 것도 중요하다.

• **인공교배** 두 종류의 품종을 결합해 각각의 좋은 점을 갖추도록 품종을 만든다. 파카마라종을 예로 들어 설명해본다.

파카스 나무의 봉우리가 부풀어 오를 무렵, 특수 가위로 암술만 남기고 수술을 잘라버린다. 그리고 가지에 종이봉투를 씌워 끈으로 묶어서, 다른 꽃가루가 침입하지 않도록 한다.

다음에 마라고지페 나무에서 봉우리를 채취해 샤알레에 넣어 그 안에서 개화시킨다. 이후 파카스 가지의 종이봉투를 열어서, 마라고지페 꽃을 파카스의 암술에 문질러 수분한 뒤 봉투를 다시 봉하고 보호한다. 며칠 뒤 종이봉투를 제거하면, 가지의 그 부분에만 마라고지페와 교배된 커피체리가 생겨난다.

체리가 익으면 수확해 종자용으로 정제한 뒤 심어 묘목을 만든다. 이것이 1대째 교배종 F1. F1은 각각 부모의 특성을 갖췄지만 나무의 키도, 가지의 각도도, 잎과 열매 모양도 다른 들쭉날쭉이다. 그 안에서 목표에 맞는 형상을 골라 열매를 채취한 뒤 다시 심는다. 이것이 F2. 새로운 품종을 만들려면, 이 과정을 반복하며 종을 고정을 해나가는, 매우 번거롭고 긴 시간이 필요하다.

• **역교배 back cross(역교잡)** 대표적인 품종으로 '카티모르종'이 있다. 이는 카투라종과 하이브리드 티모르종의 교배로, F1을 만드는 과정은 인공교배와 같다. '녹병 내성을 하이브리드 티모르에서, 품질과 수확을 카투라에서 받아오는 품종을 만드는 것'을 목표로, F1에 원래 부모의 한쪽인 카투라를 교배한다. 이것이 백크로스이다. 이를 여러 번 반복하는 동안 카투라의 피가 강해져서, 품질 좋고 녹병에 내성이 있는 품종이 생겨났다.

수송방법과 온도 관리의 중요성

정온관리가 되는 리퍼 컨테이너로 운송은 필수

오랫동안 커피업계에서는 '생두는 열화하지 않는다'는 전설이 퍼져 있었다. 생두가 든 마대자루가 뜨거운 로스터 옆에 쌓여있는 광경이 자주 보이고, 생두 마대를 벌려두고 전시하며 판매하는 가게도 많았다. 하지만 생두는 아무렇게나 방치되면 반드시 열화한다.

게다가 수송방법의 문제로 인해 소비국에 도착하기도 전 이미 열화가 시작되기도 한다. 보통 커피는 컨테이너에 넣어 배로 운반한다.

컨테이너에는 전장 20ft(6m)와 40ft(12m) 두 규격이 있다. 각 규격에 따라 단순하게 철로 만든 '드라이 컨테이너'와 온도관리가 가능한 '리퍼 컨테이너'가 따로 생산된다.

적도 바다 위에서 드라이 컨테이너 내부는 60℃ 이상으로 올라간다. 밤과 낮의 기온 차도 극심한데, 그 온도 차가 커피에는 최대의 적이다. 습도 조절이 되지 않아서 결로가 생길 가능성도 있다.

온도와 습도 변화는 품질에 절대적인 영향을 주기 때문에, 안정적인 환경이 필요하다. 아무리 고품질 커피라도 드라이 컨테이너에서는 본래의 품질을 유지할 수 없다. 특히 고온다습한 장마철이나 여름에 도착할 경우, 치명적인 영향을 받는다. 컨테이너를 여는 순간 열기와 습기에 노출되기 때문이다. 그래서 특수 플라스틱을 안쪽에 넣은 마대자루를 사용해, 습도관리가 가능한 리퍼 컨테이너로 운반하는 게 필수이다.

하지만 유감스럽게도 일본에 수입되는 커피의 99% 이상이 드라이 컨테이너로 운반되는 실정이다. 리퍼 컨테이너 운임이 세 배가량 비싸기 때문이다. 이에 비해 40ft 리퍼 컨테이너에 적량을 실을 경우, 생두에 매겨지는 kg당 가격 차

수송방법과 온도 관리의 중요성

컨테이너에는 20ft와 40ft 두 종류가 있으며, 사진 좌측이 리퍼 컨테이너. 잘 보면 측면에 에어컨이 붙어있다.

는 15엔 정도. 로스팅해서 10g 사용한 커피를 추출한다고 가정하면 한 잔에 0.18엔 차이다. 그러니 많은 커피인들이 수습 불가능할 정도의 열화를 감당하며 커피를 파는 것이다.

예전에 브라질과 과테말라에서 각각 같은 로트의 커피를 드라이와 리퍼 컨테이너로 수입하면서 이 현실을 실감한 적이 있다. 드라이 컨테이너로 수송한 과테말라 커피는 우리 같은 프로가 다소 열화를 느끼는 정도였지만, 브라질 것은 누가 맛봐도 느껴질 만큼 역력한 차이가 있었다. 그 이유는 항로의 길이. 브라질에서는 40~50일 걸려서 들어오는 데 반해 과테말라는 그 절반밖에 걸리지 않은 것이다.

하지만 과테말라에서 드라이 컨테이너로 들어온 커피 역시 일본 도착 후 리퍼 컨테이너로 들어온 콩보다 열화가 훨씬 빠르게 진행되었다. 수송과정의 가혹한 환경이 생두에 강편치를 날린 것과 같은 악영향을 끼쳤기 때문이다.

수송뿐만 아니라, 수입 후의 보관도 매우 중요하다. 여기서도 온도관리가 가능한 정온창고에서 보관하는 것이 필수다. 최근에는 일본의 항구에서도 정온창고에서 보관하는 마대자루가 늘었다. 좋은 현상이지만, 대부분이 드라이 컨테이너로 수송된 콩들이다. 조금 심한 표현일지 모르지만, 이것은 썩기 직전의 음식을 냉장고에 보관하는 셈이다.

내가 줄기차게 '커피는 과일'이라고 말하는 것은 이런 이유 때문이다. 최근에는 '커피는 과일'이라는 말을 자주 듣지만, 실상은 과일처럼 취급하지 않는 모습을 흔히 본다.

커피의 '맛있음'이란 무엇인가?

산미와 쓴맛은 어른이 되면서 알게 되는 맛

커피의 맛있음을 말하기 이전 문제로서, '맛있음'이란 대체 무엇일까. 본질을 다루기 위해서는 우선 거기에 눈 돌릴 필요가 있다.

'맛있음'이란 맛과 외양, 식감 그리고 사람의 취향에 따라 다양하게 존재한다. 100명의 사람이 100가지의 맛있음을 말할 수 있다는 의미다.

게다가 마음이 맞는 사람과 먹는 음식이나 식당에 대한 사전 정보, 익숙한 맛, 분위기나 기억에 의해서도 맛있음은 크게 좌우된다. 단적인 예로, 배고플 때 먹는 음식은 뭐든 맛있게 느껴지는 사람도 있을 것이다.

'맛있음'은 광범위하게 주관적인 감각이며, 그걸 언어로 표현하기는 더욱 힘들다. 그렇다면, 역설적으로 생각해보면 어떨까.

'맛있지 않은=맛없음'을 반대어로서 다룬다면?

일본어에서 '맛없음'은 애초 '빈곤한'을 어원으로 하니, '맛이 부족한' '충족감을 얻을 수 없는'이라는 의미로 설명할 수 있다. 이걸 뒤집으면, 맛이 충분하여 충족감이 있는 상태를 '맛있음'이라고 정의할 수 있을 것이다.

어쨌든 맛있을 느끼기 위해서는 무엇보다 미각이 중요하다.

미각에는 단맛, 산미, 쓴맛, 짠맛, 감칠맛(우마미)이 있으며, 이 다섯 가지 맛을 '기본 맛' 또는 '오미'라고 부른다. 이들 맛은 입안 특히 혀와 목, 위턱에 많이 존재하는 미뢰에 의해 수용되어, 맛 신경을 통해 뇌로 전달된다.

단맛과 짠맛, 감칠맛은 생명유지에 필수인 영양소와 미네랄의 맛이다. 반면 커피의 '맛있음'이란 무엇인가?

애초 '맛있음'이란 단어는 매우 주관적인 말로, 그걸 표현하기도 어렵다. 그럼에도 정말로 맛있는 커피는 바디감이 강하고, 깊이가 있으며, 산미 안에서도 단맛이 느껴진다.

산미는 부패, 쓴맛은 유독한 물질의 위험신호로서 인식돼왔다. 특히 어린 아이들은 쓴맛과 신맛을 불쾌하게 느껴 꺼리며 혹시라도 입에 들어갈 경우 토해내는 것으로 몸을 지키려고 한다.

다만 성장하면서 점차 산미와 쓴맛이 나는 식품이 위험하지만은 않다는 걸 학습하면서 특정한 음식을 자연스럽게 먹거나 오히려 쓴맛 나는 커피와 맥주, 녹차 등을 기호식품으로 즐기기도 한다. 음식에 대한 정보를 습득하고 '이 맛은 안전하다고' 기억한 뇌가 산미와 쓴맛을 별미로 느끼고, 다른 맛과 함께 맛있다고 인식하기 때문이다.

특히 커피는 새콤달콤(과일 같은 산미) 한 맛과 쓴맛 가운데 단맛(초콜릿과 캐러멜 같은 단맛)까지 복합적으로 느낄 수 있는 음료다. 그런 맛과 향을 구체적으로 느끼고 표현하면서 맛있음을 전달하는 게 가능해진다.

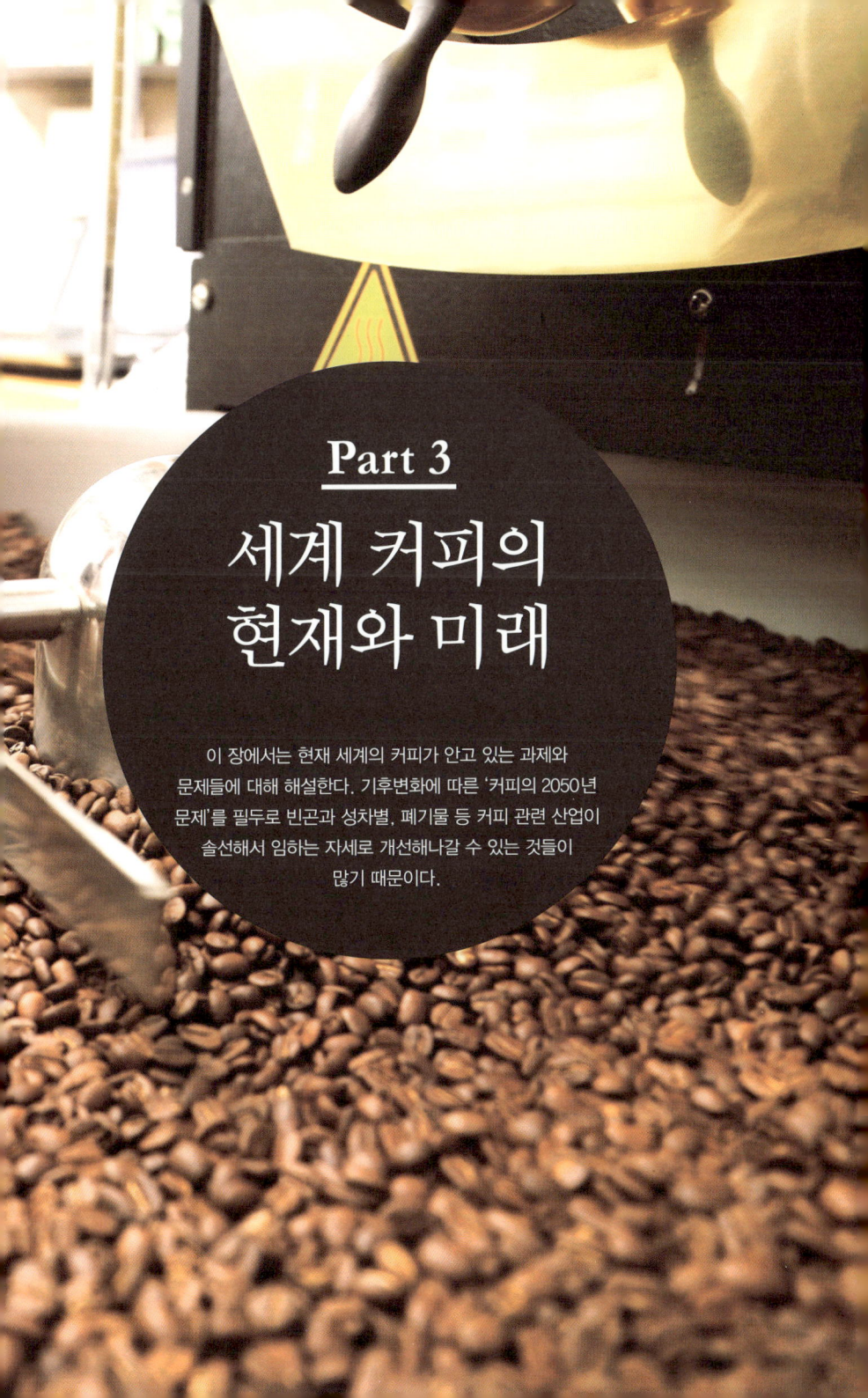

Part 3
세계 커피의 현재와 미래

이 장에서는 현재 세계의 커피가 안고 있는 과제와 문제들에 대해 해설한다. 기후변화에 따른 '커피의 2050년 문제'를 필두로 빈곤과 성차별, 폐기물 등 커피 관련 산업이 솔선해서 임하는 자세로 개선해나갈 수 있는 것들이 많기 때문이다.

커피헌터와 함께하는 세계 커피산지 여행

농원 내의 문제들과
그 해결책

재배와 가공뿐 아니라 지역사회에 대한 공헌도 기대한다

1980년대, 내가 자메이카에서 블루마운틴 커피 농원을 개발하고 관리하던 시절에는 아무런 의문이나 죄책감 없이 농약을 사용했다. 이건 그 무렵 전 세계적으로 행해진 일이다.

어느 날 토양 선충을 죽이기 위해 과립형 농약을 밭에 뿌렸다. 며칠 후, 하늘을 날아다니던 작은 새가 죽은 채 땅에 떨어졌다. 처음에는 무슨 일이 일어났는지 이해되지 않았다. 주위를 한참 돌아보고서 알았다. 농약이 기화해 새에게 영향을 준 탓에 죽고 만 것이다.

이 상태라면 인간에게도 해가 없을 리 없었다. 나는 농업 종사자의 건강관리를 해주는 기관과 병원을 찾아나섰다. 그러나 농업성과 커피산업공사에 문의해도 '그런 기관은 없다'는 회신을 받았다. 질문의 의미조차 이해하지 못하는 담당자도 있었다.

그러다 인도계 의사를 만나 이 문제에 관한 상담을 받을 수 있었다. 이후 농원 스태프와 노동자를 그의 클리닉으로 보내 정기검진을 받고 혈액과 소변검사, 문진을 하도록 조치했다.

농약 살포용 보호장구는 있었지만, 경사지에서 중노동을 하다 보면 낮에는 덥고 땀이 나기 때문에 입지 않는 노동자가 태반이었다.

그 습관을 바꾸기 위해 농약의 피해를 정확하게 알려줄 필요가 있었다. 올바른 농약 살포법, 다 쓴 농약병 처리 등에 관한 세미나를 자주 개최했다.

빈 농약병을 방치하거나 쓰레기장에 버리면, 지역민과 일용직 노동자가 물 뜨는 용도로 가져가 사용하기도 했다. 또 커피 정제공장에서는 대량으로 나오는 메탄가스를 함유한 산성 오염수를 과육과 함께 강으로 흘려보내기도 했다.

농원 내의 문제들과 그 해결책

커피의 천적 CBB(커피베리보러)의 성충과 피해 입은 콩(좌). 커피체리 끝부분의 부드러운 곳에 구멍을 뚫어 안으로 들어가서 콩을 먹어버린다(우, 상). 오렌지색 무당벌레는 커피에 붙는 패각충의 천적(좌, 하). 몰려든 CBB 암컷이 비눗물 안에 빠져 죽으며 번식과 발생을 억제하는 장치(우, 하).

그 결과 자메이카의 환경보호 단체로부터 '블루마운틴 산맥의 환경을 파괴하는 주범은 커피산업'이라고 규탄받기에 이르렀다.

이는 전 세계 생산국에서 벌어지는 일반적인 행태였다. 따라서 1980년대 중반부터 다양한 대책이 모색되기 시작했다. 그 몇 가지를 소개하겠다.

병충해 대책

- **생물학적 방제** biological control 균과 천적을 사용한 방제.
- **재배적 방제** cultural control 병해충의 습성과 특성을 연구, 함정이나 기피하는 냄새로 다가오지 못하게 하는 방제.

최종 수단으로, 최소한의 필요 농약을 사용한다. 또 농약을 철저히 관리해 사용기록을 남기는 일도 당연해졌다. 이

균일한 그늘나무로 둘러싸인 엘살바도르 커피 밭. 공기 중의 질소를 고정해서 토양을 풍요롭게 해주는 콩과 고목종을 세이드트리로 하고 있다(상). 철의 녹처럼 커피 잎 뒷면에 황색으로 붙어있는 반점. 녹병에 걸린 잎은 떨어져 버린다(하, 좌우).

는 최근 자주 말하는 생산이력 시스템 traceability system으로 이어지고 있다.

그늘 재배 Shade Grown

커피의 질보다 양을 요구하는 시대. 수확량이 많은 왜소성이 인기를 끌면서 세이드트리도 필요 없어졌다. 이런 흐름에 박차를 가한 것은 녹병이었다. 중남미에 녹병이 만연한 1970년대 이후 녹병 내성 품종과 왜소성 품종을 교배한 인공교배종이 널리 보급되고, 양지 재배가 세계 각국으로 확산했다.

그러나 그늘 재배에는 여러 가지 효용이 있다.

• 그늘나무(세이드트리)의 낙엽이 토양표면을 덮어 잡초가 잘 자라지 못하게 한다(제초제 사용 경감).
• 그늘나무의 낙엽이 비료가 된다.

농원 내의 문제들과 그 해결책

표어를 적은 간판이 여기저기 세워져 있다. '레인포레스트 얼라이언스' 인증농원(좌). 환경보호 의식이 높은 농원에는 수많은 분리수거 휴지통이 준비되어 있다(중). 커피 수세가공 과정에서 나온 오염수를 처리하는 탱크들(우).

- 키가 큰 그늘나무의 뿌리가 땅속에 자리잡아 토양 침식을 막아준다.
- 그늘나무 덕에 커피나무의 서리와 우박 피해가 경감된다.

최근 스페셜티 커피 붐에 따라 재래종의 품질과 희소성이 재평가되면서 그늘 재배의 중요성 및 그늘 재배로 수확한 커피의 가치도 높아지고 있다.

폐기물처리

- **오염수 처리** 커피 정제 과정에서 만들어지는 산성 오염수는 석탄을 섞어 중화시킨 후 수개월에 걸쳐 필터링한 뒤 물고기가 살 수 있는 상태로까지 정화한다.
- **과육 처리** 이전에는 자연적으로 분해될 때까지 기다리거나 그대로 밭에 버려 유기비료처럼 사용했다. 하지만 이를 지렁이에게 먹여서 영양가 높은 지렁이 똥 유기비료로 만드는 농가가 점차 늘고 있다. 이 책의 칼럼 '세계의 커피 제품'에서도 소개했듯이, 콜롬비아 여성생산자그룹은 과육으로 과자를 만들어 팔고, 과테말라에서는 잼도 만들고 있다.
- **파치먼트 처리** 이전에는 기계건조기의 열원으로 산에서 벌목한 장작을 사용했는데, 지금은 잘 타는 파치먼트 허스크(껍질)를 사용하고 있다.

자연환경 보호

이제는 농원을 가도 쓰레기 분리수거를 계몽하는 간판과 쓰레기통이 자주 보인다. 또한 '수렵금지' '식물채집 금지' 간판이 여기저기 서 있는 모습도 볼 수 있다. 지역의 대학과 공동으로 재래종 나비연구를 하는 농원, 미국의 연구기관과 철새 조사를 하는 농원 등도 빠르게 늘고 있다.

과테말라 산세바스티안 농원의 학교는 1940년대에 개교했다. 어린이들의 미소가 인상적이다(상). 커피원을 운영하는 탄자니아 응고롱고 수도원에 기숙형 여학교가 들어섰다(좌, 하). 콜롬비아 커피생산자협회가 만든 초등학교의 풍경이다(우, 하).

이상으로 재배와 정제가공 과정에서 할 수 있는 일들을 소개했다. 각국의 농원에서는 지역사회에 대한 공헌도 활발하게 전개하고 있다.

교육지원

농원에서 일하는 노동자 자녀들뿐 아니라 주변에 사는 아이들을 위한 학교를 설립하고, 상급 학교 진학을 희망하는 아이들에게 학력에 맞추어 장학금도 주고 있다. 또 현지에서 학교건설을 지원하는 수출회사도 있다.

의료지원

의료설비를 갖추고, 노동자 가족과 주민의 의료지원을 하는 농원들이 점점 늘고 있다.

농원 내의 문제들과 그 해결책

언제 봐도 건강하고 밝은 온두라스 여성생산자그룹.

콜롬비아 여성생산자그룹을 르완다 커피 관계자가 방문했다. 남미와 아프리카 관계자가 의견을 교환하는 귀중한 시간이 되었다.

여성 생산자 지원

커피 산지에서는 지금까지 여성의 목소리가 약한 대신 남성이 모두를 관리해왔다. 그러나 여성이 농원경영에 참여하면서, '좋은 커피를 만들면 좋은 가격에 팔 수 있다'는 사실을 자각하기 시작했다. 그렇게 늘어난 수입으로 아이들을 좋은 학교에 보내고, 이듬해 비료를 구매하는 등 선순환이 생겨났다.

나라에 따라 차이는 있지만, 이렇게 중남미 생산국에서는 30년도 더 전부터 서스테이너블 커피를 재배·가공하면서 농원경영을 진행하는 농원이 늘고 있다. 그러나 유감스럽게도 이 경향은 아프리카와 아시아에는 아직 충분하게 침투하지 못한 실정이다. 어서 빨리 두 대륙에도 좋은 흐름이 전해질 수 있기를 기대한다.

커피헌터와 함께하는 세계 커피산지 여행

'커피의 2050년 문제'와 대책

지구온난화가 커피에 미치는 영향은 절대적

최근 대중매체에서도 '커피의 2050년 문제'를 종종 다루고 있다. 지구온난화에 따라 커피 재배 적합지가 2050년에는 반감되리라는 예견이다.

그 원인으로는 온난화로 인한 녹병 발생이 지목된다. 실제로 녹병은 이제 고지대에서도 발생하기 시작했다. 그래서 대기업 커피회사들은 녹병에 내성이 있는 품종을 개량해 농민들에게 무상으로 묘목을 제공하며 이를 'SDGs 공헌'이라고 선전하고 있다.

그러나 과연 그런 행위가 문제해결로 이어질 수 있을까. 녹병이 이 세상에 출현한 지 170여 년이 지났고 브라질에 전파되어 중남미를 휩쓴 지 50년 이상이 지났다. 코로나19처럼 미지의 바이러스가 갑자기 출현한 것이 아니다. 세계 커피 중 65% 내외를 생산하는 중남미는 최근 50년간 녹병과 공존해 왔다. 물론 온난화에 따라 고지대에서도 녹병이 발생하고, 우기와 건기 패턴이 불규칙해지면서 녹병이 살아남기 쉬운 환경이 된 것은 확실하다.

최대 문제는, 50년간 변하지 않는 커피 국제가격이라고 나는 생각한다. 최근 커피 가격이 올랐다는 말을 자주 듣지만, 자세히 살펴보면 같은 폭으로 올랐다가 내려가기를 반복해왔다는 사실을 알 수 있다. 커피 가격이 오르는 것은 환율의 영향일 뿐이다. 그 사이 인건비와 비료 비용, 연료비는 몇 배나 치솟았다. 특히 비료는 러시아 · 우크라이나 전쟁 발발 이후 세 배나 폭등했다. 현재의 커피 국제거래 가격이라면, 생산자는 커피나무에 비료를 제대로 줄 수도, 녹병 억제 농약을 살 수도 없다.

커피도 사람과 똑같다. 영양분을 제대로 섭취하면, 감기에 잘 걸리지 않는다.

'커피의 2050년 문제'와 대책

녹병의 피해로 재배를 포기한 커피 밭. 나무 전체를 말라 죽게 하는 녹병의 피해는 무시무시하다.

커피 품질에 걸맞은 가격으로 구매해 주는 고객을 둔 농원의 나무들은 진녹색 잎이 주렁주렁 맺혀 녹병과도 공존할 수 있다. 그러니 커피업계 사람들이 먼저 나서서 커피 가격을 높여주는 데 앞장서야 한다. 국제거래 시장에 휘둘리지 않고 품질에 대해 정당한 대가를 지불하는 시장을 만들어 나가는 것이야말로 우리가 해야 할 일이다.

현재 온난화의 가장 심각한 문제로 대두되는 것은, '우기와 건기 패턴이 엇갈리기 시작했다는 것'이다.

- 비가 오지 않는 우기.
- 비가 너무 오는 우기.
- 건기에도 계속 내리는 비.
- 우기에 내린 강우량이 많아 건기가 되어도 습도가 높은 밭.

폭우로 인해 경사면 붕괴가 일어난 파나마의 농원. 농원은 산간부에 많아서 피해가 엄청나다(좌, 상). 폭우로 인해 벌어져 버린 온두라스 농원의 커피체리(우, 상). 우박으로 인해 가지에 상처가 나버렸다(좌, 하). 비로 인해 떨어져 버린 브라질 농원의 커피체리(우, 하).

이런 기후변화로 인해 다음과 같은 문제들이 발생한다.

- 개화 시기와 수확 시기가 바뀐다.
- 개화 및 수확 기간이 길어진다.
- 개화 후 폭우로 인해 열매가 맺히지 않는다.
- 수확 직전 폭우로 체리가 벌어진다.
- 우박에 의한 피해가 발생한다
- 병원균이 발생한다

수확 기간이 길어지면 하루 수확량이 적어지고, 수확량으로 보수를 받는 노동자들은 더 좋은 일자리를 찾아 떠나고 만다. 또 비료 주는 타이밍을 맞추기도 점점 어려워진다.

진지하게 지구온난화 문제를 생각하고 대책 마련을 서둘러야 할 이유가 여기에 있다.

'커피의 2050년 문제'와 대책

기후변화에 의한 브라질 서리 피해. 밭의 커피나무가 모두 갈색으로 타버렸다(상). 브라질의 가뭄. 바짝 말라 갈라진 대지에서는 커피나무도 자라지 못한다(하).

커피에 관한 중요한 것들

이 책의 마지막에서는, 내가 오랜 시간에 걸쳐 얻은
농원관리의 경험치와 각국 커피 농가 사람들과 함께 일하며
깨달은 커피에 관한 중요한 것을 전해주고 싶다.
이 이야기들을 여러분도 꼭 기억해 주기를 바란다.

서로를 이해한다

소비자는 생산자의 현재 상황을 알고, 생산자는 소비국의
시장을 아는 것이 서스테이너블 커피 시장구축으로 이어진다.

요리의 맛이 재료로 결정되듯, 커피의 맛과 향을 결정하는 것은 생두의 품질

'로스팅이 커피 맛을 결정한다' '추출기술이 전부' '어떤
콩이라도 로스팅으로 맛있어진다' 등은 틀린 말이다.
일본에서는 전쟁 직후 품질이 안 좋은 커피를 어떻게든 맛있게
만들기 위해 로스팅기술을 연마하다 보니 이 같은 말들이
나왔을 거라 본다.

커머셜이 있어야 스페셜티가 있다

스페셜티 커피의 대의어는 '일반 유통품'을 의미하는 커머셜 커피다. 탄탄한 커머셜 커피를 만들어내지 못하는 생산지에서는 스페셜티 커피를 만들어낼 수 없다. 게다가 커피 시장의 90%가 커머셜이다. 그 가치를 인정하는 시장을 만들지 않으면 생산자는 사라질 수밖에 없고, 비싼 커피 역시 살아남지 못하게 된다.

스페셜티 커피만 좋은 커피라고 생각하는 것도 큰 오산

보급품인 커머셜 커피에도 맛있는 콩들은 존재한다. 이는 프리퍼레이션(선별)의 정밀도에 달려있다. 커머셜 커피 중에는 품질을 중시해 만드는 '하이 커머셜'이 있다는 걸 알았으면 좋겠다.

커피 역사는 지정학과도 밀접

커피 전파의 궤적을 따라가면, 각 시대 열강의 손에 의해 세계로 확산한 것을 알 수 있다. 커피 역사뿐만 아니라 비정한 식민정책, 국가도 국민도 불행해지는 내전, 그 가운데에서도 이어진 재배와 품종개량 등 끊임없는 노력도 함께 알면 좋을 것 같다.

Street smart 생산자들

불편한 땅에서 생활하며 커피 재배 및 정제에 종사하고 있는 생산자들은 street smarts(생존력이 뛰어나고 지혜로운 사람들)이다. 선진국 사람들이 생각도 하지 못한 방법으로 문제를 해결하는 능력을 지니고 있다.

정말로 맛있는 커피는 바디가 강하고, 깊이가 있다

깊이 있는 맛은 단순히 진하다는 말이 아니다. 산미 가운데 단맛을 느끼게 한다. 품질 좋은 완숙한 열매를 수확하면, 잡미와 아린 맛이 없는 과일의 신선한 산미가 느껴진다.

스콜의 냄새까지 맡는다

숙련된 생산자들은 스콜의 냄새를 알아차린다. 건조한 가운데 커피가 물에 젖으면 품질에 중대한 결함을 주기 때문이다.

'빈곤한 사람들에게 사주는 것'이 서스테이너블?

이는 기부이다. 어떻게 하면 더 맛있으며 부가가치가 높고, 조금이라도 비싸게 팔 수 있을까를 알려주는 것이 진정한 지속가능성을 지니게 한다.

커피 품질에 관심을 둔다

소비자가 맛있는 커피와 맛없는 커피를 올바르게 평가하면, 전체 품질이 향상된다.

커피 가치를 올린다

우리 커피업계 사람들은, 더욱 진지하게 커피 가치를 올리는 노력을 펼쳐야만 한다. 품질을 높이고, 품질에 걸맞은 가격을 기꺼이 지불하는 시장을 만들어갈 필요가 있다.

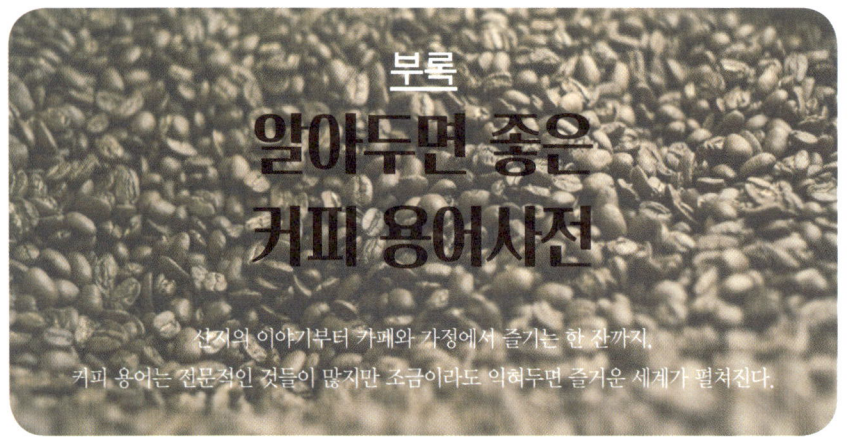

부록
알아두면 좋은 커피 용어사전

산지의 이야기부터 카페와 가정에서 즐기는 한 잔까지, 커피 용어는 전문적인 것들이 많지만 조금이라도 익혀두면 즐거운 세계가 펼쳐진다.

ICO
국제 커피 기관. 1963년, 국제커피협정의 운영을 관리하기 위해서 발족한 정부 간 조직이다. 현재 활동은 커피산업 발전과 소비 진흥에 주안점을 두고 있다.

애너로빅
혐기성발효. 최근 개발된 발효 프로세스 중 하나로, 일반적인 호기성발효와 달리, 밀폐하여 산소를 차단한 뒤 산소 없이 활동할 수 있는 미생물에 의한 발효를 유도한다. 2014년 코스타리카 COE에서 처음 그 커피를 출품했다. 본래 와인 양조에서 사용되던 방법이다.

AFCA
2000년 동아프리카 아라비카 생산국의 커피를 프로모션하기 위한 협회 EAFCA(동아프리카파인커피협회)로서 발족했지만, 현재는 아프리카 전체를 포괄하는 AFCA(아프리카파인커피협회)로 바뀌었다.

아메리칸
약배전한 커피콩으로 내린 산뜻한 커피. 설탕이나 밀크를 넣지 않고, 양을 많이 마시는 것이 아메리칸 스타일이다.

아라비카종
에티오피아 원산이라고 알려진 종으로, 고온다습한 환경에는 약하다. 일반적으로 고도가 높고 냉랭한 토지에서 재배되는 품종. 뛰어난 향미와 풍미를 지닌다. 고품질 스트레이트 커피의 대부분이 이 품종.

아로마
커피를 추출한 후 피어오르는 향을 말한다.

인스턴트커피
추출한 커피 액의 수분을 건조 또는 증발시켜 분말 상태로 만든 것.

SCA

원래는 1982년 SCAA(미국스페셜티커피협회)로 발족했다. 스페셜티 커피의 세계적인 지표 및 기준 보급을 목적으로 생겼으며, 2017년 SCAE(유럽스페셜티커피협회)와 합병해 SCA(스페셜티커피협회)가 되었다.

SCAJ

일본스페셜티커피협회. 2003년 일본에서의 스페셜티 커피 보급과 계몽을 목적으로 발족한 단체. 프로 커피 판매원 육성을 목표로 '커피마이스터 양성 강좌'와 '재팬 바리스타 챔피언십' 주최 등 활동을 하고 있다.

에스프레소

이탈리아어로 '빨리' '급행'이라는 의미. 수십 초라는 짧은 시간에 30cc 정도를 추출하기 때문에 이렇게 부른다. 이탈리아의 바르에서는 설탕을 듬뿍 넣어 선 채 즐기는 스타일이 많다.

오가닉 커피

인증된 농약 이외에는 사용하지 않는 유기농 재배 커피 또는 그 콩으로 추출한 커피. 일본에서 판매하려면 JAS 유기농 인증 취득이 필요하다.

올드 크롭

수확한 지 2년 이상 지난 생두로, 함유수분량이 적다. 올드 커피, 에이즈드 커피라고도 부른다. 일부에서는 귀하게 여기지만, 맛에서 볼 때 오래된 커피라는 것은 부정할 수 없다.

COE

생산국 별로 열리는 커피 국제 품평회.

컵테스트

커피 품질을 구분하기 위한 관능검사

카네포라종

서아프리카부터 중앙아프리카가 원산인 커피. 블렌딩 재료 혹은 인스턴트커피 원료로 이용되는 경우가 많고, 이들의 대표 격인 로부스타종이 대명사가 되어있다. 주로 베트남, 인도네시아 등 동남아시아와 브라질 저지대에서 재배된다. 로부스타 취라고도 불리는 독특한 향이 있지만, 비교적 키우기 쉽다. 병충해에 강하다고 알려졌으나 특정 병해와 선충에 내성이 있을 뿐, 모든 환경에 강한 것은 아니다.

큐어링(레스팅)

정제하고 건조가 끝난 커피(파치먼트)를 냉암소에 보관. 건조공정에서 받은 스트레스를 풀어주고 쉬게 해주는 작업.

게이샤

아라비카종 원산 중 하나. 에티오피아 남부 게샤 마을에서 유래한 것으로, 재스민 꽃으로 비유되는 독특한 향이 특징. 파나마산 게이샤가 품평회에서 높은 평가를 받은 이후, 세계적으로 붐을 일으켰다.

결점두

벌레 먹은 콩이나 쪼개진 콩, 안이 비어 있는

콩, 미성숙 콩 등 맛을 떨어뜨리는 원인이 되는 콩. 맛에 미치는 영향도에 따라 평가 포인트를 달리한다.

혐기성발표
애너로빅 항목 참조.

커피
아라비아어로 커피를 의미하는 '카파'에서 온 말. 일설에는 에티오피아 커피 산지, 카파가 아라비아어로 바뀌었다고도 한다. 이 말이 커피 전파와 함께 퍼진 것으로, 일본에는 에도시대에 네덜란드에서 들어왔다.

커피체리
커피 열매. 빨갛게 잘 익은 커피 열매가 체리와 닮았다고 해서 이런 이름이 붙여졌다.

커피의 날
1983년에 전일본커피협회가 10월 1일을 커피의 날로 정했다. 국제협정에 따라 정해진 커피 거래소 신년도가 10월 1일이기 때문이다.

커피 벨트
남·북위 25도 이내의 열대지역에서 커피 재배가 가능하다. 지구를 벨트처럼 두르면 그 일대가 재배에 적합한 기후풍토라 해서 만들어진 말로, 많은 생산국이 여기에 속한다.

커피콩
꼭두서니과 코페아속 열대식물 커피나무의 종자. 직경 1.5~2cm의 과실 중심에 서로 마주보는 형태로 두 개의 종자가 들어있다. 영어로 콩을 의미하는 말을 사용해 'coffee bean'이라고 부르지만 실제로는 종자이다.

서드 웨이브
미국에서 부르는 '커피계의 제3의 물결'. 2000년대 초반 미국 서해안에서 일기 시작한 흐름으로, 고품질의 스페셜티 커피를 주로 취급한다. 여러 설이 있지만, 1980년대 중소기업이 모여서 미국스페셜티커피협회SCAA를 발족시킨 것이 퍼스트 웨이브, 1990년대 시애틀계 에스프레소 커피 유행이 세컨드 웨이브라는 것이 나의 견해. 최근 일본에서 불리는 서드 웨이브는 미국의 서드 웨이브가 일본에 역수입된 것을 가리킨다.

사이펀
풍선형 유리 용기를 상하로 갖추고, 기압 차에 다른 물의 이동을 이용해 추출하는 기구. 19세기 유럽에서 발명되어 일본에서는 다이쇼 시대에 전해졌다고 한다. 화학실험을 하는 듯한 조작이 재미를 더하며, 익숙해지면 누구라도 안정적인 추출을 할 수 있다는 것이 이점.

서스테이너블 커피
서스테이너빌리티sustainability(지속가능성)를 고려한 커피를 말한다. 현재뿐만 아니라 미래까지도 생각하면서, 더 나은 자연환경과 인류 삶을 지향하며 생산·유통하는 커피의 총칭이다.

양지재배(선 그로운)

그늘나무를 사용하지 않고 양지에서 하는 재배를 말한다. 대의어는 그늘재배(셰이드 그로운).

시애틀계

미국 워싱턴주 시애틀을 중심으로 서부해안에서 발전한 카페 스타일. 약배전 아메리칸이 아니라, 강배전 원두로 추출한 에스프레소를 베이스로 한 베리에이션 커피로 인기를 얻었다. 스타벅스와 털리즈 커피, 시애틀즈 베스트 등이 대표주자이다.

자가배전점(로스터리 카페)

생두를 가게에서 직접 로스팅해 판매하는 소규모 커피집. 이에 비해 중규모 이상의 납품이 메인인 로스팅 업자를 대형 로스터라고 부른다.

스크린 사이즈

생두의 크기를 나타내는 세계 기준. 스크린 넘버가 클수록 알이 굵다.

스페셜티 커피

일본스페셜티커피협회SCAJ에서는 다음과 같이 정의하고 있다.

'소비자의 손에 들린 컵 안에 든 커피 액체의 풍미가 뛰어나게 맛있을 것이며, 소비자가 맛있다고 평가하여 만족하는 커피일 것. 풍미가 훌륭한 커피의 맛있음이란, 눈에 띄는 인상적인 풍미 특성이 있으며, 상큼하고 밝은 산미 특성을 띠고, 지속적인 단맛의 감각으로 사라져 갈 것. 컵 안의 풍미가 뛰어난 맛있음을 가지기 위해서는, 커피콩부터 컵에 이르기까지 모든 단계에서 일관된 체제, 공정, 품질관리가 철저하게 이루어진다.'가 필수이다.

정제선별

커피 열매에서 종자를 꺼내 생두로 만들기까지의 가공 작업. 프로세스라고도 한다.

전일본커피협회

일본의 커피산업 발전을 도모하기 위해 설립된 협회. 1953년 발족해 1980년에는 사단법인화.

소팅

결점두를 제거하는 작업. 기계로 하는 작업을 메커니컬 소팅, 손으로 선별하는 것을 핸드 소팅이라고 한다. 일본에서는 일반적으로 핸드 피크라고 부르지만, 이는 영어의 오용이다. 핸드 피크란 본래 수확할 때 손으로 따는 작업을 말한다.

드라이 컨테이너

운반용 컨테이너로 공조 설비가 없는 것. 이에 대응하여 공조가 있어 정온 수송이 가능한 것을 리퍼 컨테이너라고 부른다.

드라이 밀

커피 열매를 건조한 후, 생두로 만들기까지의 작업을 일컫는다.

생두
커피 열매를 정제 선별해 과육과 내과피를 제거한 상태의 것. 로스팅하기 전의 커피 상태를 의미한다.

뉴크롭
그해에 수확하고 출하한 커피콩을 말한다.

융드립
융이란 기모가 있는 섬유 즉 플란넬을 가리키는 것으로, 이 융으로 만든 필터로 커피를 추출하는 것. 혀의 감촉이 매끄럽고 바디가 깊은 커피가 만들어지는 이점이 있지만, 융은 사용할 때마다 끓여서 세척한 후, 물에 담가 냉장고에 보관할 필요가 있다.

파치먼트
커피 종자(커피콩)를 감싸고 있는 껍질이 붙은 상태의 콩을 말한다. 껍질은 파치먼트 허스크라고 부른다.

로스팅(배전)
생두에 열을 가해 독특한 향미를 이끌어내는 것. 몇 ℃의 열로 몇 분간 가열하는가에 따라 향과 맛이 정해지는 중요한 작업. 대형 로스터라고 불리는 납품업자들 외에도 소형 로스터나 콩만 파는 빈스 숍, 커피숍 등에서도 행해진다. 직화 로스팅, 열풍 로스팅, 원적외선 로스팅, 마이크로웨이브 로스팅 등 다양한 방법이 있다.

핸드 피크
손으로 열매를 수확하는 것. 일본 커피업계에서는 생두 선별도 핸드 피크라고 부르지만, 이는 잘못된 명칭으로 올바르게 핸드 소팅이라고 해야 한다.

피베리
파치먼트 안에는 통상 거의 같은 크기의 두 개 종자가 서로 마주 보며 열매 안에 들어있는데, 두 개의 알 중 한 알이 성장하지 않고 하나만 커지게 되면서 둥글게 말리는 콩이 생겨난다. 이 커피콩을 피베리라고 부른다.

플레이버 커피
커피콩을 로스팅한 후 식품향료로 코코넛이나 초콜릿, 바닐라, 헤이즐넛 등의 향을 입힌 것을 말한다.

프렌치 프레스
프랜저 포트, 카페 프레스라고도 한다. 커피가루를 넣고 가루가 잠길 정도로 열수를 부어 4분 정도 우려낸 뒤 필터 부분을 눌러 추출한다. 손쉽게 커피를 만드는 추출법이다.

베트남 커피
프랑스령 시대에 베트남에 전해진 금속제 조립식 필터 컵을 사용한다. 많은 구멍이 뚫려 있는 곳이 필터가 된다. 거칠게 분쇄한 강배전 가루에 열수를 부어 컵에 올린 뒤 5~10분에 걸쳐 추출한다. 미리 준비해 둔 연유를 넣은 컵에 커피 추출액을 떨어뜨리는 것이 일반적이다.

페이퍼 드립
종이 필터를 사용하는 추출방법.

워터 드립
열수가 아닌 보통 물을 사용해 추출하는 방법. 일반적으로는 큰 모래시계 같은 워터 드리퍼를 이용해 물을 방울방울 커피가루에 떨어뜨려, 8시간 정도 걸려 천천히 추출한다. 이 투과식 외에 보리차처럼 커피가루를 넣은 티백을 담가서 침지식으로 추출하는 방법도 있다. 가정에서 사용하면 편리하다.

뮤실리지
커피 열매에서 종자를 꺼낼 때 종자를 감싸고 있는 껍질(파치먼트)에 붙은 점액질. 이를 제거하는 방법 및 제거할지 말지 등에 따라 맛이 바뀐다. 가장 일반적인 정제법인 워시드에서는 물로 씻어서 제거한다.

밀(그라인더)
로스팅한 커피콩을 추출기구에 적합한 입자로 분쇄하는 기구. 그라인더라고도 한다. 가루의 굵기를 자유롭게 조절할 수 있으며, 그로 인해 커피 맛이 변한다. 통상 드립 커피의 경우 중간 정도이거나 살짝 굵은 정도가 좋다. 소량을 손으로 분쇄하는 가정용 핸드밀, 전동으로 균일하게 재빨리 분쇄 가능한 업소용 등 다양하게 있으며, 어떤 경우에도 균일함과 미분이 적은 것이 좋은 기종 선택의 포인트가 된다.

리퍼 컨테이너
운반용 컨테이너 중 공조 설비가 있고 정온 운반이 가능한 것. 생두를 컨테이너로 운반할 경우, 이 컨테이너라면 적도 부근의 고온 환경을 피할 수 있어서 생두의 열화를 막는 게 가능하다.

레귤러커피
인스턴트와 캔커피로 구별되는 호칭으로, 원두에서 추출하여 마시는 커피를 가리킨다.

로스터
콩을 로스팅하는 사람과 로스팅해서 납품하는 회사 둘 다 가리키는 말.

로부스타종
카네포라종 중 대표적인 품종. 카네포라종 페이지 참조.

| 마치며 |

저와 함께 세계 커피산지를 둘러보는 커피 여행, 어떠셨는지요.
  원고를 쓰면서, 생산국의 영고성쇠 드라마를 써 내려가는 듯한 기분에 빠지며 각별한 감정이 들었습니다.
  커피산업의 터닝포인트는 1970년대였다고 생각합니다. 그 무렵 녹병이 신대륙을 감염시키고, 자동주행식 수확기가 발명되었습니다. 또 최악의 서리 피해가 발생해, 한 번도 깨지지 않았던 거래가가 무너지고 고가에 거래되기도 했습니다. 앙골라가 독립하고 그 후 내전이 시작되었습니다. 베트남 전쟁이 끝났습니다.
  그 결과, 녹병 내성 품종 개발에 박차를 가해 세계적으로 보급되었습니다. 자동주행식 수확기 도입에 의해 밭의 레이아웃과 재배종이 변했고, 생산량이 비약적으로 증가했습니다. 서리 피해 후 가격이 급등하면서 빈부격차가 극심해지고, 내전의 불씨나 원인 중 하나가 된 국가도 있었습니다. 내전 발발 및 종전의 영향으로 로부스타종 최대생산국이 바뀌었습니다.
  근 미래의 커피산업은 어떻게 변해있을까요.
  꼭 우리의 아이들도, 그리고 그들의 아이들도 맛있는 커피를 계속 마실 수 있는 세상이 되기를 바라마지 않습니다.
  마지막으로 이 기획을 제안해 주신 마이나비 출판의 노무라 씨와 편집을 맡아준 다카하시 씨, 조정과 조사를 해준 다무라 씨와 에리아나 씨에게 진심으로 감사의 말씀을 전합니다.

2023년 8월, José 가와시마 요시아키

| 역자 후기 |

  마침내, 이 분의 책을 번역하게 되었습니다. 몇 차례 기회는 있었으나 연이 닿지 않았는데, 바라면 이루어진다는 말을 실감합니다.
  '커피헌터'라는 별명으로 널리 알려진 가와시마 요시아키 씨의 생생한 세계 커피 산지 이야기를 책으로 엿볼 수 있는 것만도 반가웠는데, 번역까지 하는 행운을 얻게 되어 정말 기쁩니다. 이 책을 번역하는 일은 '그 커피가 이렇게 시작되었다고?' '그런 사연이 있었다고?' '이런 역사를 거쳐 오늘의 커피가 있는 거구나.' '이래서 커피헌터라는 이름을 얻었구나.' '정말이지 대단해!'…, 끝없이 감탄하고 발견하는 과정의 연속이었습니다.

  가와시마 씨를 처음 만난 건 16년 전, 후지로얄 일본 사장의 안내로 찾아간 'Mi Cafeto'(가와시마 씨의 커피회사) 본사에서였습니다. 그곳은 일반 카페가 아니라 취향의 커피를 테이스팅한 후 선택해 연간 계약을 하면 전용 셀러에 넣어 보관했다가, 계약자가 원두를 주문할 때마다 로스팅한 뒤 샴페인 병에 담아서 보내주는 곳이었습니다. 지금 들어도 획기적인 시스템의 하이엔드 커피 서비스회사였습니다. 생두 셀러에는 한국에도 잘 알려진 유명인(영화배우, 방송인, 스포츠선수, 정치인, 기업인, 한국인 배우까지)들의 이름표가 붙어 있었습니다. 개인정보 때문에 사진은 찍을 수 없었지만, 나의 최애 K 배우의 이름표를 만지작거리는 것만으로도 황홀경에 빠졌던 기억이 생생합니다.

  방문한 날은 NHK 방송국과 인터뷰가 막 끝난 시간이었습니다. '커피업에 종사하면서 저렇게 주목받는 사람이 있구나.' 사인받으려고 가져간 그의 책 《커피 헌터》를 손에 든 채로, 저는 놀라운 눈길로 그 상황을 지켜보았습니다. 그날 함께 식사하는

데 그의 팔목에서 빛나는 고급시계가 눈에 들어왔습니다. 내가 멋지다고 말하자 그는 수억 원대 그 시계를 스폰서 회사로부터 협찬받았다고 무심하게 대답했습니다. 스폰서라니…. 당시 그는 국내방송은 물론 해외 방송과 각종 잡지에서도 앞다퉈 소개하고 인터뷰하는, '핫스타'였습니다. 하기야 커피나무를 잡은 그의 팔목을 통해 자사 제품이 고급스럽게 노출된다면, 그것만으로 홍보 효과를 톡톡히 볼 테니까요. 유명 야구선수나 브래드 피트 같은 연예인이 광고하는 모습을 본 적은 있지만, '커피 관계자'가 그런 대접을 받고 있다는 사실에 일종의 컬쳐쇼크를 받았습니다.

밥을 다 먹어갈 무렵, 직원 한 명이 가방을 들고 식당으로 뛰어오더니, 이제 나리타공항으로 출발해야 할 시간이라고 말했습니다. 일년의 3분의 1은 일본에, 3분의 1은 산지에, 3분의 1은 비행기 안에 있다는 그는 리무진 버스에 올라타며 손을 흔드는 멋진 첫인상을 남겼습니다.

그렇게 '세계의 커피헌터'로 분주히 활동하는 그를 티비와 잡지로 지켜보면서, 이번에는 또 어떤 커피 이야기를 발견해서 등장할까, 설레기도 했습니다. 이후 새로 오픈하는 그의 카페에 종종 초대되어 신기한 품종의 커피를 맛보며, 그의 활동이 단순히 산지를 투어하고 생두를 구매하는 일에 머물지 않는다는 사실을 알게 되었습니다. 그보다 그는 더 좋은 품종을 발견하거나 개발해서 산지에 정착시키기 위해 유전정보를 공부하고, 생산자의 재배상황과 생활환경 전반을 개선하고, 커피의 미래를 위한 계몽 활동을 펼치는 활동가에 더 가까웠습니다.

실은 처음 만난 날, 그에게서 커피산지에 관한 여러 이야기를 들은 후 '커피 농장을 소유하겠다'던 나의 오래된 꿈을 깨끗이 접기로 했습니다. 본인을 '농부'라고 말하는 가와시마 씨의 말을 경청하면 할수록, 커피 재배는 함부로 나설 일이 아니라고 느꼈기 때문입니다.

농부이면서, 커피 전문가이자 사회활동가인 그가 앞으로 이루어낼 커피 역사의 이야기는 앞으로 더 많이, 더 풍성하게 쌓여갈 것입니다.

코로나 19로 발이 묶여 일본에 머무르는 동안 너무 우울했다고 토로할 정도로, 50여 년에 이르는 그의 커피 열정은 커피산지를 향해 있는 것 같습니다. 이는 그의 SNS만 읽어도 쉽게 알 수 있습니다. 지금도 커피 역사와 품종을 공부하는 것이 취미라고 말하던 그의 인터뷰를 본 적이 있습니다. 여전히 알려지지 않은 품종과 역사 속에 묻혀버린 커피들을 찾아낼 생각을 하면 자다가도 깬다고 하니, 그는 진짜 커피헌터가 맞는 것 같습니다.

함께 커피를 마시며, 그가 늘어놓는 역사 이야기를 다 못 알아들어서(공부 부족) 안절부절 당혹스럽던 적도 많았음을 솔직히 고백합니다. 그때마다 '나도 산지의 역사 공부 좀 더 해둬야지.' 결심하다가도, 다시 또 악몽을 거듭하는 식이니….

그는 제가 절대로 흉내낼 수 없는 '넘사벽'이라는 점도 기꺼이 인정합니다. 그럼에도 행운인 것은, 그가 고생해서 찾고 키워온 커피를 맛볼 수 있다는 점입니다. 그 사실만으로 저는 성공한 덕후입니다.

이 책에는 커피헌터로서 그가 거쳐온 지난 50여 년의 여정과 경험들이 압축적으로 소개됩니다. 끝 모를 커피 열정 중 일부만 살짝 엿보는 것일지라도, 한국에 처음 소개하는 그의 목소리를 제가 옮길 수 있게 되어 매우 뿌듯합니다. 더불어 이렇게 생생한 커피산지 이야기를 한국의 커피인들과 공유할 수 있게 되어 진심으로 기쁩니다.

커피는 농산품입니다. 생산지를 제대로 이해하지 못하면 지속가능한 발전을 이룰 수 없습니다. 2050년에는 지구온난화 등 환경변화와 더불어 커피 재배에도 큰 위기가 찾아올 것이라고 전문가들은 내다보고 있습니다. 한정적인 정보이기는 하지만, 이 책을 통해 우리가 산지의 현실과 미래에 좀 더 관심을 더 기울일 수 있는 계기가 마련되기를 바랍니다.

2024년 가을 문턱,
윤선해

옮긴이 윤선해

번역가이자 커피 관련 일을 하는 기업인이다. 일본에서 경영학과 국제관계학을 공부한 뒤 한국으로 돌아와 에너지업계에 잠시 머물렀다.

일본에서 유학할 당시 대학 전공보다 커피교실을 열심히 찾아다니며 커피의 매력에 푹 빠져 지냈기 때문에, 일본에서 커피를 전공했다고 생각하는 지인들이 많을 정도다.

그동안 일본 커피 문화를 소개하는 책들을 주로 번역해왔다. 옮긴 책으로 《오늘부터 제가 사장입니다》《캐리어의 절반은》《종종 여행 떠나는 카페》《호텔 피베리》《새로운 커피교과서》《도쿄의 맛있는 커피집》《커피 스터디》《향의 과학》《커피집》《커피 과학》《커피 세계사》《카페를 100년간 이어가기 위해》《스페셜티커피 테이스팅》이 있다.

현재 후지로얄코리아 대표 및 로스팅 커피하우스 'Y'RO coffee' 대표를 맡고 있다.

커피헌터와 함께하는 세계 커피산지 여행

첫판 1쇄 펴낸날 2024년 8월 25일

지은이 | José 가와시마 요시아키
본문디자인 | 望月昭秀・境田真奈美・村井秀・吉田美咲(NILSON design studio)
본문편집 | 高橋敦史

옮긴이 | 윤선해
펴낸이 | 지평님
본문 조판 | 성인기획 (010)2569-9616
종이 공급 | 화인페이퍼 (02)338-2074
인쇄 | 중앙P&L (031)904-3600
제본 | 명지프린팅 (031)942-6006

펴낸곳 | 황소자리 출판사
출판등록 | 2003년 7월 4일 제2003-123호
대표전화 | (02)720-7542 팩시밀리 | (02)723-5467
E-mail | candide1968@hanmail.net

ⓒ 황소자리, 2024

ISBN 979-11-91290-40-0 03980

* 잘못된 책은 구입처에서 바꾸어드립니다.